WAC BUNKO

だから、論語を学ぶ

WAC

だから、論語を学ぶ

目次

装幀／須川貴弘（ＷＡＣ装幀室）

プロローグ　『論語』の魅力

『論語』の凄み――谷沢

私が『論語』という古典を本当に理解し得たのは、昭和四十九年に出た宮崎市定《みやざきいちさだ》の『論語の新研究』を読んだときでした。なんと満四十歳になっていました。

もちろん、中学のときに『論語』のいろいろな言葉を学びましたし、また、その頃簡野《かんの》道明《みちあき》の『論語解義』（大正五年初版、昭和六年増訂版、明治書院）なども読んでいました。しかし、「『論語』はすばらしい本だ」と思っていても、「凄《すご》みのある本だ」ということまではわからなかったのです。いま、私が師と会って、「谷沢、お前はその歳になってやっと『論語』がわかったのか」といわれれば、「はい、そうでございます」と甘んじて肯定いたします。

こと『論語』に関して、私はたいへんな晩学《ばんがく》です。悲しいかな、その歳になるまでわからなかった。それが「宮崎論語」に出会ってわかったときの喜び、あるいは宮崎さんに対する感謝、これは忘れがたいものがあります。

その宮崎市定の『論語の新研究』は、その初出としては、岩波書店のPR誌「図書」に——「『論語』の新しい読み方」(昭和四十四年七・八・九月号掲載、全集第24巻、同時代ライブラリー〈岩波書店〉)と題して連載されました。その第一回を読んだときに受けた知的ショックは、私の六十七年の人生で最も大きなものの一つに数えられます。そして刊行された『論語の新研究』を一気に通読したのですが、そのショックの原因を一言でいえば、「これほど人間というものを突き詰めて考え、しかもそれに対して憤りもせず、怒りもせず、嘆きもせず、とにかくあるがままに人間性を見ようという姿勢を貫いた書物があったのか」ということでした。

人間性とは元来どういうものかを、私は次の言葉でとらえていました。

「よくよく考えれば、人間性というものは悲しいものだ。それに対して、憤りもせず、嘆きもせず、あるがままに見て、人間性そのものを尊重することが大切である」

これはサマセット・モームが抽象的な一つの発想として書いている一節(ちくま文庫『アー・キン』所収「この世の果て」)を私なりに要約した感慨です。この件《くだり》を読んだときに、「そのとおりだ」と思ったのですが、言葉というものは読んだり、聞いたりしただけでは駄目なんですね。「あ、そうですか」で終わってしまうからです。たとえ「それではそうしましょう」と自覚をしたところで、所詮、本当の精神的実践には結びつかない。

ところが、宮崎市定によって解明された『論語』の意味するのは、まさにモームがいったそのとおりの視座《しざ》を指し示している実例でした。だから、具体的に私に迫ってきて、それが大きな知的ショックをもたらしたのです。

「あるがままに人間性を見る」というのは「性善説でもなく性悪説でもない」立場を模索するということです。「人間の性は善なり」とか、「人間の性は悪なり」とか、そういう決めつけを念頭に置かないという立場が『論語』の発想であり、『論語』の凄味です。

思想家たちの世界を見回すと、孔子を除けば、他のすべての諸子百家《しよしひやつか》――私は孟子《もうし》もそれに加えていいと思うんですが――には、人間性に対する固定観念があります。たとえば、孟子の有名な「惻隠《そくいん》の情」にしても、一種のレトリックだと私は思います。「幼い子供が井戸に落ちようとしているのを見れば、損得を忘れて助けに行く。それは自分が子供を助けたことで得られる名誉、評判を求めての行為ではない。そんな打算や思惑《おもわく》のもとに動いているのではない」と孟子はいうのですが、これは結局のところ、人を説得するための論法にすぎません。要するに、孟子という人が後ろにいて、われわれとの間に「説得論法」という論理の技術を持ち込んでいるのです。したがって、読み手を説得してやろうとして論理的手練手管《てれんてくだ》を弄《ろう》している孟子が、目の前に浮かんできます。荀子《じゆんし》を読んでも、墨子《ぼくし》を読んでも、老子《ろうし》や荘子《そうじ》を読んでも同じで、そこには相手を説得してやろうと図る思想家の姿が浮かび上がってくるんです。少なくとも私はそう勘繰《かんぐ》っています。

ところが、孔子だけは人を説得しようとしていません。相手を説得することの喜び、楽しみ、快感という自己満足と、孔子の発言は無縁なのです。孔子は自分の思いそのままを述べているだけで、自分の言葉を弟子たちや周りの者、あるいは後世の人が、どのように受け取ろうと、「それはお任せします」という態度です。説得の技術、計画、論法というものが、一切介在せず、『論語』からは孔子という人物が「きみ、谷沢くん」といって、私の目の前にあらわれてきます。

それが意味するところは、孔子には読者に対する精神的な支配欲がないということです。相手を説得するというのは、相手を精神的に支配する行為です。そういう支配欲、説得欲を抜きにした、本当に生一本《きいっぽん》の素直な人物がいることを私が身にしみてわかったのは、宮崎さんのおかげです。

『論語の新研究』を読んでからは、自分がものを考えるときに、「『論語』の一章一句一節と、自分との間に何か矛盾がなかろうか」、また、「齟齬《そご》するところ、食い違うところはなかろうか」と、ほとんど無意識のうちに考える癖がつきました。たとえていうと、私が一本の庖丁であるとするならば、私は自分という庖丁を年中、「宮崎論語」という砥石《といし》で磨き、そうすることによって自分の考え方を、中正《ちゅうせい》に保ってきたのです。

座談の中で触れた『論語』――渡部

『論語』との出会いについて、記憶の順番を辿《たど》ると、最初は雑誌「キング」の挟み込み付録にあった『論語』だったように思います。折り畳まれたものが広がる仕組みがちょっと新鮮だったけれども、それ以外にとりたてて印象はありませんでした。

次に『論語』と出会ったのは中学二年のときです。この年に漢文の教科書が変わりました。中学に入った昭和十八年までは戦前と同じ教科書でした。英語はキングズ・クラウンリーダーズ、漢文は塩谷温《しおのやおん》先生の教科書だったのですが、昭和十九年になった途端に変わり、新しい漢文の教科書は最初に『論語』が大きな活字で刷ってありました。

漢文を教えてくれたのは菅原五八《すがわらごはち》という先生でしたが、授業が非常に面白かったことを記憶しています。どこが面白かったのかをいろいろと考えてみると、昭和十九年以降の授業は日本精神を謹聴《きんちよう》するものが多くなり、極端なことをいうと、戦争の話ばかりになったので、面白い学科が少なくなったせいだったのかもしれません。『論語』は昔から日本で学んできたものですから、だれが教えても――というと、菅原先生に失礼なのですが――内容がある。それで「やはり論語は面白い」と感じて、暗記したりもしました。

その後、大学に入ってから『論語』と再会したのですが、それは鶴岡の恩師・佐藤順太《さとうじゆんた》先生のお宅でのことでした。夏休みで帰省しますと、田舎なので話をする人がいない。そこで、私はしょっちゅう佐藤順太先生の家に押しかけていました。あるとき、ご馳走を出してくれた佐藤先生が、「孔子は『食は精《せい》に厭《あ》かず』といっているが、あれは偉いな」とおっしゃったことがありました。そして、「精に厭かず」とはおいしいものでなければ駄目だということではなく、おいしいものが好きだということであり、その微妙なところが「精に厭かず」だと説明された。つまり、精でなければならないということもないし、精だからいやだともいわない、という解釈です。そのときは「そうか」と感銘し、あとで「本当かな」と思って『論語』に関する本をあたってみたら、漢文の本では必ずしもそうは解釈していない。多分、佐藤先生が何かでお読みになったのだろうと思うのですが、いずれにしても談笑の合間に『論語』から引用した話に感銘したことで、非常に身近なものに感じたのです。

『論語』というものは、大学の講義より身近な形で話をしたほうがわかるものですね。たとえば、「(子《シ》イワク)學《マナ》ンデ而《シコウ》シテ時《トキ》ニコレヲ習《ナラ》フ、マタ說《ヨロコ》バシカラズヤ。朋《トモ》有《ア》リ遠方《エンポウ》ヨリ來《キ》タル、マタ樂《タノ》シカラズヤ」というのは、宮崎先生の解釈によれば、「いろいろな習い事をして時々お復習《さら》い会をする。悦ばしいではないか。遠くにいる友だちがやってきて、一緒に飲む。楽しいではないか」となりますが、隣りにいる人からそう語りかけられれば、「なるほど、そうだ」と思うものでしょう。つまり、『論語』は座談調によっていきいきとしてくるんです。谷沢さんにお会いする時、「朋有リ遠方ヨリ來タル……」と言えば正に生活の実感ですね。

そもそも『論語』自体が「先生がこうおっしゃった」という聞書《ききがき》です。それを私は佐藤順太先生のお宅で、聞書を伝えるのに最も適した座談という雰囲気で聞きました。これが『論語』に対して親近感を持たせてくれ、それからは何かにつけて『論語』の一節を思い浮かべるようになったのです。

また、大学に入って、谷沢さんが小学校の頃に読んだという中島敦《なかじまあつし》の『李陵《りりょう》』や『弟子《でし》』などを手に取ったのですが、その『弟子』で孔子という人を実感しました。これは弟子の一人である子路《しろ》の目から見るという形で、中島敦が孔子を書いた作品ですが、読んでいるうちに「そうか、孔子というのはこういう人なのか」と孔子の姿が立ち上がって見えてきたのです。

孔子に関する本はずいぶん読みましたが、中島敦を超える人はいないと思っています。武者小路実篤《むしゃのこうじさねあつ》は全然読み足りないし、『次郎物語』を書いた下村湖人《しもむらこじん》も喰い足りません。考えてみると、中島敦の家は代々続いた漢学の家でした。だから、子供の頃から『論語』が頭に入っていて、いわば「血」になっているので、ああいう文学作品を創る力があったのではないかと思います。

『弟子』はとりわけ最後がいいですね。反乱が起こったと聞いた子路がそこへいき、「見よ！　君子は、冠《かん》を正しゅうして、死ぬものだぞ！」といって殺される。そして、反乱が起こったことを聞いた孔子は「由《ゆう》（子路）や死なん」といい、子路が死んで塩漬（醢《ししびしお》）にされたら、それ以後、孔子は塩漬された物を食べなかった。そういう一文でぴしっと終わっている。

『弟子』を読んだ勢いもあり、『論語』を読みなおさなければいけないなと考えていた頃、ちょうど大学で『朱子集註《しゅしっちゅう》』を使った授業があったのですが、これがなかなかさきに進まない。そこで、最後まで読みたいと考えて手にしたのが、穂積重遠《ほづみしげとお》の『新譯論語』でした。この本を読んだときが、最初に『論語』を通読した体験です。

同じ時期に渋沢栄一《しぶさわえいいち》の『実験論語』（全集第2巻、平凡社、昭和五年）も読みました。渋沢栄一は「算盤《そろばん》と論語」ということを唱えたくらいで、『論語』がとても好きだった。それで自分の体験を「『論語』は……」というふうな形で語ったのが『実験論語』です。その中味は維新の物語になっていますが、所々で『論語』が出てくる。「なるほど、体験と合わせて読むということは、こういうことか。自分も渋沢栄一さんぐらいの歳になったら、『実験論語』みたいなものを語るのかな」と思ったことがあります。そして、いま、そういう機会を与えられたのだという感慨を持っています。

中島敦の『弟子』にあらわれた孔子の姿――谷沢

中島敦の最高傑作は『弟子』であるという意見に、私も賛成です。文学史上では『李陵』に重きを置かれていますが、『李陵』で何を書いたかといったら、結局は運命論です。しかも創作性が少ない。

中島敦が本当に感情移入しているのは、子路ですね。最後は非命《ひめい》に倒れ、ちょっと扱いにくい人物だけれども、男としての魅力が抜群です。中島敦の見た子路は男の中の男であり、その男の中の男を心服させた孔子の偉さを浮かび上がらせるという二段構えの構想です。孔子という人物の卓抜《たくばつ》した人柄を文学作品で描いた成果では、これが空前絶後でしょう。

もっとも、私が『弟子』を読んだ当時はまだ若かったから、中島敦の描いた孔子イズムに少し反感を持ちました。あまりに完璧玲瓏《かんぺきれいろう》すぎるんです。当時、世の中で何が嫌いかといえば、完璧なのがいちばん嫌いだった。すべては欠点があるものだというのが、私の固定観念でして――それは自分自身のことをいっているのだけれども――その点で反感を持ちながらも、しかし「うまいこと、描いたな」と、文学作品としての描写能力にはシャッポを脱ぎました。

さきほどご指摘がありましたように、『弟子』は最後の一文の「子路の屍が醢《ししびしお》にされたと聞くや、家中の塩漬類を悉《ことごと》く捨てさせ、爾後《じご》、醢は一切食膳に上さなかったということである」が効いていますね。詳しく書いていないのに、ただその数行で孔子の弟子に対する思いの深さが語り尽くされています。

私は若いとき、『論語』を読むたびに、孔子に対するちょっとした違和感、反感がありました。その反感が再生産されたのは、吉川幸次郎《よしかわこうじろう》の『論語』上下二巻（昭和三十四～三十八年、朝日新聞社）を読んだときです。吉川幸次郎の訳している孔子の言葉は全部御託宣《ごたくせん》で、説教調に訳されていたせいです。

吉川幸次郎は歴史的な参考書をあまり見ていません。シナの歴史、世相、風俗に無関心で、文字だけ、言葉だけに執着したからです。それだけに観念的なお説教になり、『論語』に対する私の反感を増幅《ぞうふく》することになったのでしょう。

カントと通じる孔子の理性――渡部

私も吉川幸次郎に疑問を感じたことがあります。それは、さきほどいいました「食は精に厭かず」を調べた折に、大漢学者であられるはずの吉川博士が『朱子集註』の見解を引用していなかったからです。朱子には反対でも、『朱子集註』にはこう書かれているというぐらいは指摘しておかないといけないでしょう。

言葉だけというのは、文献学において具合が悪いんです。ドイツ語で「リアリエン」(realien)――英語に直訳すると「リアリティーズ」(realities)です――という言葉があります。これは日本語にすると「実物」とか「実物根拠」と訳されていますが、この研究がないと文献学はわからなくなります。だから、文献学は必ずリアリエンの研究と結びついていかなくてはならないのです。

「リアリエン」はわかりにくい概念ですので、例をあげて説明しましょう。「月落ち烏啼《な》いて霜天《そうてん》に満つ」(月落烏啼霜満天)という張継《ちょうけい》の有名な詩があります。この「月落ち烏啼いて」を、「月は烏啼《うてい》に落ち」と読んだら、「烏啼山という山があって、霜天に満つ」ということになる。それはそれで意味は通ります。では、「月落ち烏啼いて」と「月は烏啼に落ち」とで、どちらが正しいのか。これは烏啼山があるかどうか――これがリアリエンです――で決まるのです。

吉川さんはおそらく、烏啼山と取ったほうがきれいか、「月落ち烏啼いて」と読んだほうが詩的かだけを考え、「実物」への関心がなかったのかもしれません。

それから、英文学の世界では『論語』に似通ったものがあるんです。それは、ボズウェルという人がドクター・ジョンソン――ジョンソン博士――についてまわって書いた『サミュエル・ジョンソン伝』（邦訳全3巻、みすず書房）です。ドクター・ジョンソンの仕事でいちばん有名なのは辞書をつくったことと『詩人伝』を書いたことですが、『ジョンソン伝』は「あのとき、ジョンソンはこう言った」「ジョンソンは……」というふうになっていて、雰囲気として『論語』なのです。しかも、この本はイギリス人の発想法に圧倒的な影響を与えているという点でも、『論語』に似ているといえます。

大学紛争の頃、英文科の先生はどこの学校でも過激派に走りませんでした。あの頃東京大学総長を務めた林健太郎《はやしけんたろう》さんにこの話をしたら、「そういえば、英文科には困った先生がいなかった」といっていました。それは間接的にドクター・ジョンソンの影響なのです。ジョンソン以後のイギリス人の教養は「ジョンソンがこういう場合にどういったかを意識しないでは発言しない」といってもいいくらいの影響がありますから、英文科で学んでいると、「ジョンソン曰く」という形でジョンソン博士の考え方が間接的に入ってきます。そのため、いつの間にか、健全なる人間主義、あまり理屈にこだわらないという雰囲気をつくったということがありました。だから、過激派に走らなかったのだと、私は思っています。

もう一つ、『論語』について語っておきたいことがあります。佐藤順太先生のお宅でお話をうかがっていたときに、「子《シ》ハ怪《カイ》・力《リキ》・亂《ラン》・神《シン》ヲ語《カタ》ラズ」という一節に対して、「あの時代に怪しいこと、不思議な話、化け物話がなかったわけはない。それを語らないというのはえらいことだな……」と、先生がおっしゃったことがありました。このときも「なるほど」と思ったのですが、あとになってカントの本を読んでいたときに、「怪・力・乱・神」という言葉がふっと思い浮かんだのです。

カントはスウェーデンボリという人物に非常な関心を持っていました。スウェーデンボリはその当時の超能力者です。しかも大学者であったし、大実務家でもありました。彼が書いたものに嘘があるとは思えないけれども、これはオカルトです。カントはそのスウェーデンボリのことを研究しました。そして、「一視霊者の夢」(Träume eines Geist-ersehers)という論文を書いています。そこでカントが出した結論は、「これは嘘ではない。しかし、百鬼夜行《ひゃっきやこう》の世界であり、夢と同じだ。オカルトというのは夢だ。見たことは本当だけれども、他の人に伝えようがない。オカルトは否定はしないけれども、これは学問として、大学で触れてはいけない世界である」というものでした。大学でやるのは、明々白々、真昼の論理でなければいけないというのです。

このカントの理性と「怪・力・亂・神ヲ語ラズ」といった孔子の理性は相通ずるのではないかと、私は思い当たったわけです。孔子も「怪・力・乱・神」がないとは考えていなかったでしょう。しかし、『論語』のどこにも怪しげなことをいっていない。それは「否定しないが語るものではない」という理性のあらわれではないかと思うのです。

こんなふうに、『論語』はときどき読んで、断片的に覚え、折に触れて「ああ、これはそういう意味か」と思い当たったり、影響を受ける本なのではないだろうかという感じがしています。

1 余力

《穂積論語 學而第一――六》
子《シ》ノタマハク、弟子《デシ》入《イ》リテハスナハチ孝《コウ》、出《イ》デテハスナハチ弟《テイ》、謹《ツツシ》ミテ信《シン》、汎《ヒロ》ク衆《シユウ》ヲ愛《アイ》シテ仁《ジン》ニ親《シタ》シミ、行《オコナ》ヒテ餘力有《ヨリヨクア》ラバスナハチ以《モツ》テ文《ブン》ヲ學《マナ》べ。

孔子様がおつしやるやう、「若者どもよ。家庭にあつては父母に孝に、世間に出ては年長者に從順に、行状を謹直にし言葉を信實にし、わけへだてなく衆人を愛して中にも仁者に親しみ近づき、かく實行にはげんでまだ餘暇餘力があるならば、そこではじめて文藝を學びなさい。」

親を養うということ――渡部

これは私の体験から感じるところがあって選びました。

「衆ヲ愛シテ」はキリスト教でも教えていることですが、「行ヒテ餘力有ラバスナハチ以テ文ヲ學べ」と「弟子入リテハスナハチ孝」というところに感じるものがあったのです。というのは、この二つは私が貧乏学生で文学を学んでいたときの二律背反《にりつはいはん》的な感じを思い起こさせるからです。学生ながら私はそれを全力を尽くして解決しようとしました。

私は文学部ですから、まさに「文」を学んでいるわけですが、大学院に入ったあとは、奨学金と中学校で教えるアルバイトでやりくりしました。

また、私は女の子の中のたった一人の男の子でしたので、亡くなるまで親の生活の面倒を見ましたが、学生時代に行商のようなことをした経験もあります。私の親は歳を取っていたし、戦争中に油を扱う仕事がなくなっていたので、私が学生時代のときはすでにちゃんとした商売ができなくなっていました。そこで、七月に帰省する前に、休み中の分まで前払いしてくれる奨学金を持って東京の浅草橋にいき、そこで仕入れた商品を田舎に持ち帰って売りました。大した金額ではありませんが、その売り上げを全部置いて東京へ戻りました。また、留学中は、月給を前借りの形で親に送金してもらい、帰国後、月給の半額を返済に当てました。利子はまけていただきました。

戦後に書かれた本多静六《ほんだせいろく》という人の自叙伝に、「どんなに出世しようと、親を養えない者は出世した部類に入らない」という件《くだり》があります。とにかく経済的に親を養えない人間は駄目だというのは、私のような田舎者にとってぐさりとくる言葉です。文を学んでいる私は七転八倒して、いろいろと苦労しましたが、多少なりともこれをめざして努めたといえるのではないかということで、個人的に思い出の深い一節です。

社会生活をきちんとしていれば教養は自ずからつく——谷沢

宮崎市定の訳では「仁ニ親シミ」が「誠實な人を選んで昵懇《じっこん》にし」となっていますが、これは人間関係、社会生活のことをいっていると思います。私がここで最も重要視するのは、社会生活、人間関係が第一であり、そのあとで余力があれば——これを現代風にいうならば余力をつくりだして——文を学ぶ、あるいは教養を高めるということでしょう。

本職、あるいは使命に十分に力を尽くさないのに教養だけはきわめて高いという人を、私はこの歳まで見たことがありません。ぐうたらだがオペラにだけは詳しいというのは本当の意味での「教養」といわないのです。これは「独《ひと》り善《よ》がり」というんです。本当の意味での教養というのは、まず人間生活に対する誠実さ、社会生活に対する忠実さを確立したうえで、いろいろと学び、身につけるものです。

さらにいえば、社会生活をきちんと実践していれば、自ずから教養はつくと、私は思います。中《なか》野《の》重治《しげはる》がエッセイの中で書いていたことですが、歌舞伎を見ていたら劇中の若殿が、「いざ書見《しょけん》なぞいたそうか」といったのに対して、人を馬鹿にするなというコメントがありました。「いざ書見なぞいたそうか」などという形で勉強はできるものではない。つまり、本を読む以前に、もっと世の中に勉強の材料はたくさんある。そして、そこからいろいろな教養の芽が出てくる。その芽を育てることが勉学だと思います。

ですから、万巻《ばんかん》の書を読んでいて、まったく世の中のことをわきまえていないという人間はたくさんいます。教養というものは、まず社会生活に対する尽瘁《じんすい》といいますか、誠実といいますか、そういう真面目な心構えがなければならないでしょうね。

2 改心

《宮崎論語　學而第一――八》

子曰《しいは》く、君子《くんし》重《おも》からざれば威《い》あらず。學《まな》べば固《こ》ならず。忠信《ちゅうしん》を主《しゅ》とし、己《おのれ》に如《し》かざる者《もの》を友《とも》とするなかれ。過《あやま》ちては改《あらた》むるに憚《はば》かること勿《なか》れ。

子曰く、諸君は態度がおっちょこちょいであってはならない。人に輕侮《けいぶ》されるからだ。學問をして、片意地にならぬことを身につけるがよい。友達には誠心誠意で付きあい、そうすることに相應《ふさわ》しくない者は友達にならぬがよい。過失はあっさりあやまるべきだ。

寒風吹きすさぶ中に立つ決意――谷沢

「君子重からざれば威あらず」の「重からざれば」を「卑屈《ひくつ》ならば」と訳せばいいと、私はとらえています。卑屈は傍《はた》から見て一番いやらしい人間の要素です。ここではその卑屈を戒めているのだと思います。

人間は欲があると、卑屈になる可能性がふくらむものですが、人間は常に何かを欲し、何かを願い、何かを狙っている欲の塊ですから、常に卑屈になる危険性を持っています。それだけに卑屈にならないという意思を、いつも念頭に置いておく必要があります。ここで一言付け加えると、傲慢《ごうまん》な人は卑屈でないように見えますが、実は違います。傲慢というのは虚勢を張っているだけのことであって、その陰で何かを欲していることに変わりはない。それを隠しているということからすでに、卑屈であるわけです。

それから、「學べば固ならず」とは勉強すれば固定観念を解きほぐすことができるという意味だと思います。しかし、「學べば固ならず」というのはたいへん難しいことで、たいていの人間は下手に学ぶために、余計、固定観念が染みつくのです。だから、「學べば固ならず」というのは「学ぶ」ということの極限を指摘している言葉だともいえるでしょう。つまり、固い塊《かたまり》のような固定観念が自分の中にあるとして、そこにいつも温かい湯を注いでほぐし、柔らかくして、自分の考え方がいかようにも応用のきくように持っていく態度を身につけることが、本当に学ぶことであるというわけです。

「固定観念」について補足しておくと、「信念」という言葉を非常にいいことのように世間でいいますけれども、本当に立派な信念は百人中一人ぐらいにしかないものです。あとの九十九人の信念は、本人は信念と思っているが、所詮《しょせん》は固定観念であり、単なる思い込みにすぎない。しかし、思い込んだらそれまでよ、という悲しい一面が人間にはあります。これも要注意事項です。

次に、「己に如かざる者を友とするなかれ」ですが、これは理想ではあります。しかし、現実にはたしてそこまで徹底できるものかどうか、私には疑問です。猥雑《わいざつ》な世の中で生きていくためには、多少、「この人はどのぐらいの値打ちがあるのか」「それほどの値打ちはないのではないか」と思う人とも、ある程度、和《なご》やかに接していくことを自分に許さなければならないものです。しかし、それでも心の底から許せないという人物だけは「己に如かざる者を友とするなかれ」の方針でいくべきなのでしょう。

最後に出てくる「過ちては改むるに憚かること勿れ」は、『論語』の中に三回ぐらい出てくる言葉で、孔子が常にやかましくいって注意している教えであるといっていいですね。ただ、日本社会には、「犯した過ちを率直に改めることが一〇〇パーセントプラスに評価されない」という民族性があると、私は思うんです。だから、日本人でうまく世の中を切り抜けていく人の多くは、なし崩しに改める人です。

おそらく孔子だって、そういう人間社会の風潮はわかっていたはずです。しかし、「人間はなるべくならはっきりと改めることを避けて、なし崩しにしていきたいだろう。だけど、それでは駄目だよ。あえて一時のマイナス、一時の悪い評価、あるいは蔑《さげす》みというものを受けようとも、それを断固として改めなさい」といったのでしょう。

この「過ちては改むる憚かること勿れ」を実行するには、ものすごい決意がいります。ことに日本社会では非常に難しいわけですが、これを実行するためには、世の中のすべての人間から常にちやほやされたい、かわいがられたいという「助平根性」をなくすことが必要になります。だから、最後の一言は、「ある時期は寒風吹きすさぶ中に立つ決意をせよ」という、かなり強烈な教えではないかと思います。

友だちになろうと思われる人間になれ——渡部

補足として私の見方をいいますと、まず「學べば固ならず」という点では、普通の場合、だいたい「学べば固になる」ものです。かつて谷沢さんがご指摘になった「経済学者のケインズがいちばん困ったのは既得権益よりも固定観念だ」という話は、まさにこのことですね。

それから、「己に如かざる者を友とするなかれ」は、友だちをつくろうと思ったら、相手から「あいつは俺より優れたところがあるな」と思わせるような人間になるように努力しろ、というふうに考えてもいいと思います。幇間《たいこもち》と交わって楽しむ人もいるけれども、普通は優れた人と付き合いたいと望んでいるはずです。逆にいえば、友だちがいない人は、自分に提供するものがないので付き合ってもらえないという面が大いにあると思うんです。

小学校、中学校時代を振り返ってみると、やはり優れた者は友だちができていました。「あいつは面白い」とか「あいつは数学ができる」というと、何となく友だちになりたがる者が出てきたりするんですね。だから、これは「友となろう」という人が出るぐらいの人間になろうと努力すべきだというふうに、私は解釈しています。

自分より劣った者を友にする人は成長しない――谷沢

そうですね。おっしゃったように、友がないというのは自分が至らないことのあらわれであり、つまりは自分に魅力がないということです。魅力なく、努力せず、故に友がない、となると、これは最悪です。

もう一つ、人間には悪いタイプがあります。それは自分より劣る人を友とする人です。身長でいえば、自分よりも五センチぐらい低い人だけを選んで友だちにする。こういう人はたいがい「威張りたい」という欲求を持っています。自分より確実に劣る竹馬《ちくば》の友を持つという隠微《いんび》な喜びに耽《ふけ》る人もいますね。しかし、それでは友だちといかに親近感をはぐくみ、昵懇《じっこん》であろうと、まったくプラスになりません。自分で自分を慰めているようなものですからね。世の中でいちばん恐ろしいのは、自分よりも劣る者しか自分の友だちにしない人間であり、こういう人は絶望的に成長しないだろうと思います。

過ちを改めた清水幾太郎の態度——渡部

「自分よりも劣った者を友だちにしたがる」というのは、つまらない意味の「お山の大将」ですね。お山の大将になれない所へは出ていかない。あるいは、極端な内弁慶《うちべんけい》というタイプもそうなりがちです。

それから、「過ちては改むるに憚かること勿れ」が日本ではたいへん難しいとおっしゃいましたが、日本で「過ちては改むるに憚かることとなかった人」ではないかと私が思うのは、清水幾太郎《しみずいくたろう》です。戦後、あれだけ進歩的文化人のような言論を振るっていたのに、その後、「自分は間違った」と宣言して、その後十年間ぐらい専心勉強しなおし、『倫理学ノート』（昭和四十七年、岩波書店）を書き、それから自伝みたいなものも書いた。私はあの態度にとても感心しました。

ただ、その過ちを改めたことに対して、怒っている人もいました。それは福田恆存《ふくだつねあり》ですが、福田さんの態度は間違っていますね。率直に自分の非を認め、立場からいえば福田さんの陣営に来たことによって議論が根本的に相通ずる立場になったし、それをやったのはお国のためになったのです。認めてあげるべきでした。

それを「あいつは調子のいい男だ」と福田さんは怒ったのですが、その背景には嫉妬もあったのでしょうね。清水幾太郎は立場を改めてからも売れる本を書き、背が高くてスマートで、しかも絶対的に語学ができました。福田恆存は英文科出身だったけれども、実はそれほど英語が読めなかったようです。ところが、清水幾太郎は獨協《どっきょう》中学から東大に入るまでの間で、ドイツ語の新刊書評をする力があったぐらいの人でしたから、戦後になって英語をやりはじめたときも、清水ほどドイツ語を読めるなら英語を読むのは楽なことだったと思います。

清水は再出発を学問から行っています。つまり、学者として根本から反省して、過ちを改めたわけです。口先だけの反省ではない。そういうきちんとした態度をとったことに対して、福田恆存ほどの立場にある人ならば、きちんと評価してやるゆとりがほしかったですね。

過ちを改めた者に対する非難の論法——谷沢

この一条をあげるにあたって、実はいまおっしゃった清水幾太郎のことが私の念頭にもありました。かつて清水が非難されたように、過ちを改めたことを非難する論法が日本の論壇には多いですね。本当は間違っているのだけれども、福田恆存のような論理が日本社会では聞こえがいいんです。

清水幾太郎は前非《ぜんぴ》を悔いて清水研究室を始め、それから『倫理学ノート』という純粋な学術書を書きました。自叙伝である『わが人生の断片』上下（昭和五十年、文藝春秋）はそのあとです。これはけじめをつけたわけです。つまり、学問をちゃんとやって、それから『日本よ国家たれ』（昭和五十五年、文藝春秋）とちょっとセンセーショナルなものを書いた。しかし、それまでにきちんとした学問があるということを認めてあげないといけないですね。

進歩的文化人の代表であったときの身振りが大袈裟《おおげさ》だったというイメージが大きかったのかもしれませんが、福田は要するに憎かったんでしょう。

3 距離

《宮崎論語　學而第一――一三》
有子曰《ゆうしいは》く、信《しん》は義《ぎ》に近《ちか》ければ、言《い》うことを復《ふく》すべきなり。恭《きょう》は禮《れい》に近《ちか》ければ、恥《ち》辱《じょく》に遠《とお》ざかるなり。因《いん》にて其《そ》の親《しん》を失《うしな》わざれば、亦《ま》た崇《たっと》ぶべきなり。

有子曰く、朋友との付合いにおいては、正義を外れなければ、その言葉は信用できる。目上の者に對しては、禮儀を外れなければ、恥辱を與えられることがない。因《いん》循《じゅん》と見られようとも、古くからの交際を絶たないでいるのは、また賞められる價値がある。

友と付き合う二つの態度――谷沢

ここでは、朋友との付き合いについていっています。まず、「義」という言葉の解釈ですが、私は「正義」ではなく「道義」だと思います。つまり、人間の生き方の道筋というものをきちんと守り、相手がどうであろうと、自分の道義的態度を持して振る舞えというふうに読みました。

次に、目上の者は尊重をせよということをいっています。目上の者を尊重しない人間というのは、どこかで気持ちが安んじていない人です。つまり、不平不満があって、鬱々《うつうつ》としていて、多少、反乱、謀叛《むほん》の心があるのです。だから、事ごとに突っかかっていくわけです。これは孔子の立場と異なり、たいへん功利的な言い方になりますが、目上の者を尊重することは社会的信用を獲得する近道です。それは年齢の如何《いかん》を問いませんし、来歴の如何を問いません。とにかく目上の人に対して、姿勢を正して付き合っていると見られることは絶対的に得です。孔子は損得を絶対いいませんけれども、私は大阪人だからそれを得であるというふうに考えます。

もう一つ、古くからの交際を絶たないというのは、これはさきほどの「己に如かざる者を友とするなかれ」(學而第一——八)と矛盾していますが、われわれの人生における現実場面でいちばん困ることの一つに、この矛盾があります。若いときに親しかった友人と自分とで進歩のテンポが違ってしまうのは、自然の成り行きです。自分が遅れるのならまだしも、友人のほうが遅れて差がつくと、付き合い方に困ってしまいます。そのときにどうするかということを、孔子は二つの方面からいっているんですね。一つはかなり冷静に、相手の人物の人柄、貫祿《かんかん》というものを認めて、自分と付き合うことが相応しくなければ切れ、といい、一方では、古くからの友人に冷淡であってはいけないという。これは兼ね合いの問題でしょう。

「學而第一――一三」で孔子がいっているのは、古くからの友人と自分との間に蜜月《みつげつ》の時代があり、お互いに与え与えられという人生行路の交歓《こうかん》があった。そういう記憶を温かく大事に持てということだろうと思います。ですから、この場合に、歳を取ってからも古い友人と蜜の如く付き合えといっているわけではないはずです。そこには適当な距離感があってしかるべきだけれども、冷酷に切り捨てるのは自分をあまりにも尊大にすることだから、その距離感の測定を間違うな、ということではないかと思います。

身近な場面で考えると、十何年の間、いっぺんも便りのなかった友人から、突然電話がかかってきたときの応対はまことに難しいです。どの程度の親しさの言葉をかければいいのか、悩まざるを得ない。気軽に「ああ、きみか」というわけにはいきません。どういう用件で電話をかけてきたかがわからないのですから、ある程度、冷静に相手をうかがう必要があります。

しかし、あまりにも冷淡に突き放す態度で対応すると、それがどこへどう響くかわからないという心配が出てきます。人によっては「谷沢は冷たいヤツだ」といってまわりますからね。

友人と適当な距離をどうとるかは、結局、人生体験によります。年齢相当の社会体験で、直観的、瞬間的に手探りで応答するより仕方がないですね。

媚びる恭《うやうや》しさは辱《はずかし》められる――渡部

ここで私は宮崎市定の読み方と違う読み方ができるのではないかと思っています。たとえば、「信は義に近ければ、言うことを復すべきなり」は、たしかにこのとおりやればいいのだけれども、約束にはヤクザの約束とか泥棒の約束というものもあります。それは義に近づかない性質の約束です。だから、約束を守らなければならないのは、約束の内容が義に近いときだという意味にとることもできるのではないでしょうか。

それから、「恭」というのは恭《うやうや》しいことだけれども、ぺこぺこする恭しさは逆に辱《はずかし》められる。だから、禮（礼）の法則にかなった恭しさでないと恥をかくという、恭しさの仕方に対する忠告だとも思われます。

民主党の鳩山由紀夫《はとやまゆきお》が演説で「させて頂きます」という言葉を頻繁《ひんぱん》に使って話題になりましたけれども、鳩山に限らず、政治家は皆「する」といわずに「させて頂く」といいます。

これはぺこぺこする恭しさです。もちろん、そういっていい場合もあるけれども、政治家すべてがいつも「させて頂きます」では困る。いわんや新しい党を興《おこ》すときに、「する」といえないのでは、やる気さえ疑われます。

また外国人に対して、日本の態度が恭しいというより卑屈に見えることがあります。それは禮（礼）に近くない恭ですから、恥辱に近づいているのです。外国に媚びるあまり、「韓国と歴史観を合わせる」「在日韓国人に政治参与させる」などというのは、形のうえだけでなくて、本当に媚びています。そういう人に対しては恥辱を与えなければいけません。

最後の「親を失わざれば、亦た崇ぶべきなり」というのは解釈が難しいですね。「付き合うときに相手を見ろ」という意味にも取れるし、「親を失う」というのは「親しくすることで見境《みさかい》をなくす」という意味にも取れる。後者の場合は、何でも仲良くすればいいというものではないということになります。

媚びる態度は利己主義から出てくる——谷沢

日本では、目上に対して恭しさの度が過ぎる傾向があります。「そこまでしなくてもいいではないか」というようなことが、しばしば行われています。これからの日本の社会では、目上に対する恭しさが少し足りないぐらいでちょうどいいのではないか、とさえ私は思います。

それから、外国に対する日本の態度は、おっしゃったとおりで、卑屈そのものです。「恭」というのは心構えの問題であって、腰の曲げ方の問題ではない。だから、「恭しい」という精神を持っていれば、後はざっくばらんでもいいのです。ところが、戦後だんだんと「恭」の度が過ぎるようになりつつある感じがします。

鳩山由紀夫に関しては、当時、週刊誌がコメントを求めてきたことがありました。残念なことに、私のいったとおりに誌面には出なかったのですが、こういうことを私はいいました。「たとえば、取締役の下位から大抜擢《だいばってき》されて社長に就任する者が、あまりにも手厚い待遇を受けたことを踏まえて、『私でもよろしければ、させて頂きます』というのならい い。しかし、専務が社長になるときに使うべき言葉ではない」。

もし、専務が社長になったのに「させて頂きます」を使うのであれば、それは媚びているんです。「媚びる」という行為はまったくの利己主義から出てきます。媚びれば媚びるほど、自分が得すると思っているから、そういう卑屈な態度ができる。要するに、鳩山はいかに恭しく物をいったら好感を持たれるかという計算のうえで「させて頂きます」といっていたのです。

4 待つ

《宮崎論語　學而第一――一六》
子曰《しいは》く、人《ひと》の己《おのれ》を知《し》らざるを患《うれ》えず、人《ひと》を知《し》らざるを患《うれ》うなり。

子曰く、人が自分を知らないことは困ったことではない。自分が人を知らないことこそ困ったことなのだ。

人生とは八割以上が待つことである――谷沢

前半分の意味は、「自分が満足できる程度に社会的に処遇されていないことを嘆くな、憂《うれ》えるな」ということですが、これを実行するのは絶望的に難しいですね。

人間は皆、自己採点をやっています。それと同時に願望も持っています。たとえば、私が相撲取りだとすると、前頭五枚目の力量であると自己採点しているのに、幕尻《まくじり》ぐらいに扱われたら面白くありません。そして、できれば前頭筆頭ぐらいに扱ってもらいたいと思います。

それを憂えるな、と孔子はおっしゃっているわけですが、私はこれを「待ちなさい」という言葉に言い換えたい。

人生というのは八割以上が待つことだと思うんです。つまり、自分が「こうなって欲しい」と思うことがすぐにそのとおりにあらわれることは、九〇パーセントあり得ません。社会的処遇というものは、必ず自分の自覚に比べて遅れてやってくる。その遅すぎることに対して、待つことが耐えられず、イライラして自分の気持ちを破壊する人がたくさんいます。だから、とにかく待つことだと、私は思います。

それから、後ろ半分の意味は、「自分が人の取り柄を発見する能力が乏しいことを憂えろ」ということですね。さきほどいいましたように、世の中に完璧《かんぺき》な人間はいないと私は思っています。それどころか、たいていの人は欠点だらけといっていいでしょう。そして、人の欠点ほど、目につくものはありません。したがって、毎日毎日、至るところで人の欠点が目につくわけです。しかし、そんなものを見たところでしょうがないんです。欠点の海をかき分けて、その人において取り柄となるものを一つ発見したとき、それを以て、人間認識の喜びとせよということではないかと思いますね。

昼行灯で終わる覚悟──渡部

これは修養の大道を語った言葉だと思います。人に知られようとしてじたばたしても仕方がない。周囲の人が知らざるを得ないような才能をひたすら蓄積するより、他に道はありません。

そういう点では、忠臣蔵の大石良雄《おおいしよしお》がいいお手本になると思います。もしも、浅野内匠頭《あさのたくみのかみ》が殿中で刃傷沙汰《にんじょうざた》を起こさなかったら、大石良雄は昼行灯《ひるあんどん》で終わってしまったでしょう。そう考えると、昼行灯で終わるぐらいの気持ちでいてもよいのではないでしょうか。

ただし、われわれが忘れてならないのは、大石良雄が必要になったときに「頼りになる人間」を集められたことです。これは普段、泰然《たいぜん》として昼行灯でいたのではないことを物語っています。やはり本当に昼行灯では困るのであって、人知れず自分を鍛錬し、人の長所を見出す努力を怠らないことが大切です。

もし、孔子が大石良雄のことを知ったら、「人は大石の如くあれ」といったかもしれませんね。

人の危うさを知り、信用できる者を見分ける力――谷沢

たしかに、浅野内匠頭があの一瞬で刀を抜かなければ、大石良雄は日本歴史の大舞台に登場しないわけで、「赤穂《あこう》浅野家の何代目かの家老」と武鑑《ぶかん》に名前が載るだけの人間でした。それが一朝、事が起こった場合に一事を為すことができたのは、結果論ではありますが、大石良雄が人を見る目を持っていたからでしょう。これこそ彼の最大のメリットでした。逃げていく者、鎧櫃《よろいびつ》を背負って帰藩してくる者などと、めちゃくちゃに錯綜《さくそう》した状況に直面して、どれが信用できて、どれが信用できないかということを、ほとんど間違いなしに見分けた。

それから、人心の頼りなさ、一時の感激で興奮している者の危うさ、そういう人情の機微を全部わかっていた。これはすごいことです。大石は毎日、昼行灯で暮らしながら、人を見る目を養っていたわけです。大舞台に出たいと思う人は、人を見分ける力の研磨《けんま》に意を注ぐべきでしょう。

5 評価

《宮崎論語 爲政第二――一〇》

子曰《しいは》く、其《そ》の以《もつ》てする所《ところ》を視《み》、其《そ》の由《よ》る所《ところ》を觀《み》、其《そ》の安《やす》んずる所《ところ》を察《さつ》すれば、人《ひと》焉《いずく》んぞ廋《かく》さんや。人《ひと》焉《いずく》んぞ廋《かく》さんや。

子曰く、人間はその行っていることを注視し、その由來する所を觀取し、その安心している所を察知すれば、その性質は匿《かく》そうたって匿しおおせるものではない。心の底まで見抜けるものだ。

最終的に世間は自分を見てくれる――谷沢

世の中で生きていくとき、この一条を頭に刻み込んでおくのがいちばん妥当ではないかと思います。つまり、「自分の本当の価値を最終的にはわかってもらえる」と信じることです。

世間というものは十分に光が届いていないかのように思えることがあります。けれども、最後にどこかで平仄《ひようそく》が合って、きちんと見てくれるものです。もちろん、絶対そうなるという保証はありません。保証はないけれども、そう考えなければ生きていけないではないですか。

近世の大坂で契約する場合、ほとんどといっていいくらい契約書を交わしていません。契約はおおむね口約束です。ただし、最後に一言、お互いに、「見てござる」といい合います。何が見ているのかといえば、天が見ているのです。契約に違反すれば、われわれは天から見放されるということを、お互いにいい合っているわけです。

これは私の信念といっていいと思いますが、人間はこの「見てござる」という気持ちを持っているべきだと考えます。そして、世の中を長い目で見て、最終的に評価を得るように努めていかなければなりません。

ただし、伊藤整《いとうせい》が「青春について」(全集17巻、新潮社)というエッセイの中で、「青春とは何か、待つことだ。いつ、自分に自分の才覚が発揮できるようなチャンスが与えられるかということは、天もだれもきみに約束することはできない。しかし青春とは、その日をめざして待つことである」という意味の名言を記していますが、評価される日がいつ来るかはわかりません。それはつらいことではありますが、人生は待つことであり、最終的には世間がどこかで自分を見てくれるというふうに考えなさいと、孔子もまたいっているように思うんです。

偽善のメッキは必ず剝《は》げる――渡部

ここでは「人焉《いず》んぞ廋《かく》さんや」という言葉を二度、繰り返していますね。それは「匿《かく》しきれるものではありません」ということを強調しているわけですが、ある意味では偽善者に対する警告ではないでしょうか。

人が何をやったのかは、いつか必ずわかるものです。その当時はわからなくても、そのうちに「何であんなことやるんだろう」ということがわかってくる。長い目で見れば、「あいつはどういうときに喜んだか」ということもわかる。つまり、どんなに巧妙に隠していても、偽善のメッキは剝《は》げるのだということを、孔子が二度繰り返したところから感じるのです。

リンカーンがいったとされる言葉ですが、「一時に特定の人を騙《だま》すことはできる。しかし、常にすべての人を騙しきることはできない」というものがあります。これも「人焉んぞ廋さんや」に通ずる話です。

ある政治家から聞いたのですが、最近の総理府が行った世論調査で、中国に対する悪感情が強く出ているそうです。そのために総理府調査ということで発表できないのではないかと、その政治家はいっていました。戦後、「偉いのは中国」という報道がなされてきましたが、台湾海峡にミサイルを撃ったり、チベットをいじめたり、勝手に約束を変えて日本企業に損させたりしていますから、「焉んぞ痩さんや」で真実は明らかになってきているんですね。

それはさておき、「焉んぞ痩さんや」には二つの意味があります。一つは自ら修養に努めていれば必ず発見されるというプラスの面、もう一つは欠点、偽善を匿しきれるものではないというマイナスの面です。どちらにも取れると思います。

欠点を匿《かく》そうとするところに偽善が生じる――谷沢

朝日新聞をはじめとして、マスコミでは未だに支那《チャイナ》礼賛をやっているところがあるけれども、皆があのとおりに読んでいると思ったら大きな間違いで、行き過ぎに対してはだんだん怒りが出てきていますね。

人事という面で考えますと、日本の霞が関官僚を除く――これは異常という意味で別格ですので――民間企業における人事査定は、だいたい「焉んぞ痩さんや」の方針です。人材の選定は何年間かの時間を置きます。つまり、初めから「お前はエリート」「お前はワン・オブ・ゼム」と分けないで、まず職場にばら蒔《ま》いて、第一次の人事異動までの間に能力を見る。その場合も、人事課長が独断と偏見で点数を付けるのではなく、職場においてその人物がどのように仲間から評価されているかということに耳を傾け、目を注ぎ、その結果を吸い上げるわけです。こういうことを見ると、「人焉んぞ痩さんや」という原則は日本社会で実行されているのではないかと思います。

また、アメリカ大統領にしても、最初の一年はハッタリをやることもできるでしょうが、任期いっぱいの四年間を騙しとおすことは不可能です。「一時に特定の人を騙すことはできる。しかし、常にすべての人を騙しきることはできない」というのは、そういう現実から出てきた言葉でしょう。

欠点もお見通しだということを、この世を生きる者は覚悟しておかなければいけないですね。私はある年齢から自分の欠点をなくそうという気持ちをなくしました。私の欠点はどうしようもない、それは周知の事実として見てもらって結構だ、それで「谷沢はけしからん。あいつはいやだ」といわれるなら、それで結構、つまはじきしてください、と、ある程度、居直った気持ちになりました。自分の欠点を匿そうというところに、偽善が生じるものです。

「人焉痩哉」の四文字は、あらゆる人間が念頭に置くべき言葉だと思います。この言葉のいいことは、さきほどおっしゃったように、プラスの面で取ってもマイナスの面で取っても、人の心を安らかにします。どちらの意味で取っても、「浴衣《ゆかた》掛けですらりとしていなさい」「いつも鎧兜《よろいかぶと》に身を固めてがたがたしなさんな」ということですからね。

6 大物

《穂積論語　爲政第二——二八》
子《シ》ノタマハク、君子《クンシ》ハ器《キ》ナラズ。

孔子様がおつしやるやう、「君子たるものは、機械であつてはいけない。人間でなくてはならぬ。」

「器」の人と「器」でない人——渡部

ここで孔子がいったのは、徳を積んだ人はちょっとした仕事をするものではないということでしょう。前後の文脈からすればそうです。

ただ、「器」の意味はいろいろと考えられるわけで、これを読みなおしたときにふっと頭に浮かんだのがロナルド・レーガンでした。

世の中には偉い経済学者や有能な行政官がいます。彼らは皆、一藝に秀《ひい》でた役に立つ人であり、いってみれば「器」の人たちです。レーガンは三文俳優だとか何だとかいわれましたけれども、明らかに「器」ではありません。しかし、学問的根拠がないけれども常識的な政策を明るく実施している間に、ソ連を崩壊せしめました。

このことが物語るのは、政治家というのは経歴でもなければ、学歴でもないということです。レーガンがやったのは非常に簡単なことでした。ソ連が軍備を拡張するのなら、アメリカはそれを上回ってやればいい。失業者がたくさんいるのだから、兵器を作ったらいい。インフレになりそうなら、安い東南アジアから買えばいい。これを次々に実行してソ連をつぶしてしまった。

しかも、暗殺者の撃った弾が当たって病院に運ばれたときには、医者に「あなたは民主党ではないだろうね」とジョークを飛ばしたりもしています。こういう明るさは「器」からは出てきません。優秀な官僚的頭脳も、経済知識もないが、本当のリーダーというのはレーガンのような人ではないかと思います。

一方、日本の政治家は、農林族、金融族というように族議員になって「器」に近づき、官僚のペースにはまっています。そういう流れを離れて、「器」でないというタイプの政治家が欲しい。そんな思いが、この一節を私に読ませたのではないかと感じています。

政治のように訳のわからない世界は、「器」的な人間にあまり適していません。いちばんいい例として、大蔵省事務次官は官僚のトップ中のトップですが、その人たちが政界に入って偉くなった者がいるでしょうか。池田勇人《いけだはやと》は大蔵省出身だけれども、若くして病気になり、官僚を辞めています。大平正芳《おおひらまさよし》も偉くならないうちに辞めている。官僚という「器」が完全に固まってから政界に出てきて、偉い政治家になった人はまずいないはずです。

政治家として「器」にならなかった人の例を日本で考えると、西郷隆盛《さいごうたかもり》は「器」でなかったと思いますね。西郷隆盛が鳥羽伏見《とばふしみ》の戦いの直後に「江戸を攻めろ」といったことや、廃藩置県のときの態度などは、官僚のようにいろいろなことを実務的に考える人では不可能です。

特に、「廃藩置県をしなければ、新しい日本はできない」と、山縣有朋《やまがたありとも》らが西郷を訪ねていったら、「よろしい」といって引き受けた。これはたいへんなことで、主家の島津家に対する一種の謀反でもあるし、それを日本全体の大名に実行するとなると、相当の抵抗があってもおかしくない。しかし、たった一万人の御親兵《ごしんぺい》を手にした西郷が決断すると、一つの反乱もなく、七百年続いた封建制がすっと消えた。これは「器ならず」という感じがします。

西郷という人はとらわれないというか、升《ます》みたいに形が決まっていずに、いい意味での大風呂敷だったのでしょう。

「器」の人の限界——谷沢

「器」という言葉を、宮崎訳も穂積訳も「器械」(機械)と訳しています。これはちょっと言い過ぎかもしれませんが、「器」を「ある役割、ある仕事をするもの」と私は解釈したい。そうすると、「器」はそれ以外のことはできないということになります。つまり、応用・融《ゆう》通《ずう》がきかず、他の役に立たないのが「器」であるわけです。

人間の人間たる所以《ゆえん》は、庖丁を本来の機能とはまったく異質の事柄にも役に立てるところにあります。つまり、応用がきかないと駄目だということです。実際、優れた人間は思わぬことができるもので、いまおっしゃったようにレーガンは西部劇の映画俳優でしたが、その人が世界を動かしました。

人間社会で「あの男は何々ができる」という評価が立つのはいいのですが、同時に「あの男は何々しかできない」となったらいけません。この一節は、「何々しかできないとなってはいけない」という意味ではないかと思います。

官僚出身の政治家の中には、小さな「器」として完成してしまった人間もいますね。宮《みや》澤喜一《ざわきいち》はかなり若くして政界入りしていますが、田中角栄《たなかかくえい》が「あれは秘書官だ」といったように、官僚のうちの秘書官という「器」でした。

その証拠に宮澤喜一はマイナス思考です。「こうしたら、こんな悪いことがある」「こういう悪い反応があるのではないか」と悪いほうへ頭が向いてしまう。「こういう手を打ったら、世間が喜んでくれるだろう」というプラス思考の行動を、彼がしたことはいっぺんもありません。とにかく非難を避けて、もめ事がないようにという行動ばかりです。だから、秘書官なんです。

秘書官というのは官房長官を想定してもらえばいいでしょう。首相がだれかから非難されないように、「あの言葉を使ってはいけません」と気を配るのが仕事で、トップを牽制《けんせい》する役なんです。だから、すべてをマイナス思考でいて務められるのです。

その点、おっしゃったように西郷は「器」ではありませんね。維新のとき、「江戸城を攻めて、全部灰にする」というのが西郷のイデオロギーだった。そこへ勝海舟という絶好の役者が出てくると、西郷の態度はいっぺんに変わりました。昨日までは、日本の半分を焦《しょう》土《ど》にするといっていた男が、一転して無血開城を受け入れた。この変わり身の早さは、官僚にはできないことです。

同時代でいうなら、江《え》藤《とう》新《しん》平《ぺい》が多少「器」に近い人でした。江藤が司法卿《しほうきょう》という五本の指に屈せられる大政治家であったときは、活き活きとして日本の法律制度をつくっていった。それは「万能の法律家」といっていいほどの辣腕《らつわん》を振るいました。しかし、征韓論《せいかんろん》で敗れて下野《げや》した瞬間におかしくなった。いったん参議を辞任したら、何をしていいかわからなくなったのです。それで、自分の故郷《くに》の佐賀で不穏な動きがあると、「飛んで火に入る」とばかりに行ってしまう。すっかり判断力が狂っています。

『論語』の「泰伯第八――一九八」に「其《そ》の位《い》にあらざれば、其《そ》の政《せい》を謀《はか》らず」という言葉がありますが、その地位、その職務でないのに大きなことを考えたら、大失敗するというのが江藤の教訓であり、「器」の人の限界だと思います。

7 学ぶ

《宮崎論語　爲政第二――三一》
子曰《しいは》く、學《まな》んで思《おも》わざれば罔《くら》し。思《おも》って學《まな》ばざれば殆《あや》うし。

子曰く、教わるばかりで自ら思索しなければ獨創がない。自分で考案するだけで教えを仰ぐことをしなければ大きな陥し穴にはまる。

《穂積論語　爲政第二――三一》
子《シ》ノタマハク、學《マナ》ビテ思《オモ》ハザレバスナハチ罔《クラ》シ、思《オモ》ヒテ學《マナ》バザレバスナハチ殆《アヤウ》シ。

孔子様がおつしやるやう、「學ぶだけで思はないと道理が明かにならず、思ふだけで學ばないと行動が危險だ。」

頭にはめられた箍《たが》をはずすことが必要だ――谷沢

これは学問の神髄を語った言葉です。

「本当に学ぶ」というのは、非常にたいへんなことだと思います。司馬《しば》遼《りょう》太《た》郎《ろう》の言葉に、「自分にとって学校というものは一切存在理由がなかった。自分にとって、図書館と古本屋さえあったら、それで十分であった」という述懐《じゅっかい》があります。司馬遼太郎方式で勉強すれば、それは自分が欲し、自分が摑みとった内発的なものですから、すべて自分の栄養になります。ところが、近代学校制度の中では、自分が欲していないもの、自分が希望していないものであっても、上から押しつけられて勉強しなければならない。しかも、押しつけられた勉強を「学ぶ」ことだと思ってしまうことが多い。そうなったら、頭に箍《たが》をはめられることになる。頭に箍をはめられてしまったら、人間、お終《しま》いなんです。

近代学校制度を無視するのは難しい以上、学校で教えられたこと、学校で自分に与えられたことをいっぺん解体して、自分の才覚で新しく順列組合せのやり直しをやらなければなりません。つまり、自分流の順列組合せをやるのです。これが孔子のいう「思う」ということです。

また、いまの学校制度は、勉強に必要だと認められたところ――川にたとえれば本流――

――しか提供しないという定めがあります。この「本流しか勉強しない」というのも、「思うこと」を忘れている態度といっていいでしょう。本当に学ぶには、本流と違う支流や、別の川の流れも取り込まなければなりません。普通、本流以外の勉強を「雑学」といいますが、雑学をやっていくという気持ちがなければ駄目なんです。

一方、「思って學ばざれば」となると、こちらのほうがきついことかもしれません。「自分で思ったこと」「自分の考え」がはたして妥当であるかどうかを、さまざまな文献、あるいは人の意見などと照らし合わせる。これをしなければ、独断になります。では、現実はどうかというと、「学ぶこと」が一人勝手になってしまっているケースが多いんです。

だから、固定観念の箍をはめられても困るし、一人勝手になっても困る。その間の自分の気持ちの計らいをどう持っていくか。これは曰くいいがたい呼吸ですね。

これだけはいえるだろうと思うのは、一人勝手に陥らないためには、いつも自分に留保条件を持つことが大切だということです。つまり、「自分はここまで考えたけれども、ひょっとしたら、あと二割ぐらいは見落としや、錯覚、見当違いがあるのではないか」という自分に対する警戒心を持つ。それが独断の落とし穴を避ける術の一つでしょう。

お手本となる河合栄治郎の勉強法――渡部

以前、この言葉について考えたことがあります。そこで思い浮かんだのが河合栄治郎《かわいえいじろう》の勉強法でした。学生時代の河合栄治郎は大学の講義をきちんとノートに取って、それを復習していました。しかし、週末など講義がないときは、好きな本を読み、考えることに時間をあてたのです。これは「学ぶこと」と「思うこと」を両立させる具体的な方法だと感心した覚えがあります。

大学生は、先生が講義で話したことぐらいは完全に理解し、さらにいわないことまでもわかるほどの努力をしたほうがいい。そういう努力が頭をよくするんです。

ただし、そればかりに熱中していると、「それだけの人」になってしまいます。つまり、「お勉強」になってしまうのです。「お勉強」と「勉強」は違います。「お勉強」は「学びて思わないこと」であり、だから本当には身につきません。たとえば、学校を卒業した途端に忘れるというのは、「勉強」をせずに「お勉強」をした人です。

「学びて思わず」の例では、南京大虐殺を「三十万人ないし百万人」と書いた東大の歴史の先生は典型的ですね。これは座談でいった言葉ではなく、活字になっているものです。

歴史家が歴史的事件を活字にするのに、「三十万人ないし百万人」などというあやふやなことをいうのはどうかと思います。当時、南京にどれだけ人口があったかを考えていないから、きっちりとした数字を出せないのでしょう。それを批判されると、「百万人という数字を聞いた覚えがある」と、この人は答えました。これが学者の態度かと驚かされます。東大の先生になるぐらいだから、よく学んだ人だと思うのですが、「歴史とは何ぞや」ということを思っていないから「スナハチ罔《クラ》シ」で、歴史のことがわからない歴史学者になってしまったのでしょう。

これとは逆に、ろくに勉強もせず、思い込みだけでやっている者もいます。これはこれで危ない。英文科に入って、英文学者ではない人の本ばかり読んでいるというのは、やはり使い物になりません。なかには、本当に度し難いほど、思い込みが強い人もいる。これは非常に殆《あや》ういですね。

戦前、富に恨みを持った人などは、マルキシズムと聞けば「これこそ人間社会のあるべき姿だ」と思い込んで「スナハチ殆《アヤウ》シ」に陥ってしまったし、ゲバ学生なども皆、「スナハチ殆シ」のほうです。そういう「狭い思い込み」にバランスを与えるのが、「学」です。「狭い思い込み」は独学の人が陥りやすいと、よく指摘されますね。

思い込みの燃料は功名心という汚い根性――谷沢

思い込みの強い人は、だいたいにおいて功名心が強い人です。それから、最短距離をいこうとする野心家にも思い込み屋が多い。

かつて私も思い込みの強い学生に手こずった経験があります。私の演習では、全員に自分が調べたことをプリントにして配るように指示していたのですが、一回に三十枚ぐらいのプリントを刷ってきて、全員に配った学生がいました。その努力たるや、すごい。私の知る限り、空前絶後でした。

しかし、そのプリントの内容は全部が自分の独断と偏見でした。自分に都合のいい資料ばかり並べてある。彼に「こんな資料がある」「ここはおかしい」といっても聞く耳を持たず、それどころか、「これほど勉強をした者はいない」という功名心が表情に出ている。さらに、「だから、谷沢助教授は必ず自分を助手に取ってくれるはずである」という野心が感じられました。

だいたいにおいて、フランクでゆったりとした気持ちの持ち主は思い込みがなく、かーっと発熱している人は思い込みが強いですね。思い込みというのは一応、熱意の一種ではあるけれども、その熱意を下からあぶっているもの、つまり熱意を燃やしている燃料が功名心、野心という汚い根性だというところに問題があります。世の中では「熱意があればよい」といいますが、そういうわけでもありません。

これは独学の人に対してまことに気の毒な言い方ですが、独学をする人はどうしても思い込んでしまう傾向があります。私は独学である程度の業績をあげた人物を何人も知っていますが、そこには二つの特徴が見出せます。一つには、「自分ほど優れた人間はいない」というたいへんロマンチックな思い込みがあることです。そういう思い込みがなければ、独学は続かないといっていいでしょう。つまり、自分はその他大勢の一人だという平静な気持ちでは独学はできない。だから、人よりも五度ぐらい体温が高いわけです。

もう一つとしては、学ぶ対象が狭いことです。これは最短距離で点数を稼ごうとする指向を意味します。したがって、独学者は決して「主流」をやりません。私は日本文学が専門ですが、日本文学でいえば、独学者は文学辞典に二、三行ぐらい書いてあるどうでもいいような項目、ほとんど知られていない作家や作品を根掘り葉掘り研究するのです。そんなことを研究した人はいませんから、自然と人目《ひとめ》につきます。それを狙っているのです。

私はそういう独学の人を「思い上がっているロマンチックな人だ」とわからずに、「好学の徒だ」と大錯覚をした経験があります。それは私の苦い苦い経験です。

そのうちの一人は、十九年間、高校教師をしていました。その間、たしかに業績はあがっていた。だから、本当に学を好む人だと頭から好意的に考えて、三月三十一日までは高校教諭、四月一日からは関西大学教授という抜擢《ばってき》をしました。すると、その人は大学教授になったその日から不満の塊に変身した。「関大のお手柄だ」と新聞に出たりして、話題になったせいもあったのでしょうが、自分は関西大学の看板教授だと思い込み、「なぜ、文学部長の声がかからないのか」「なぜ、学長候補にあげられないのか」という、とてつもない夢想をし始めたのです。

まともに考えたら、教授になったばかりの人間にそんな声がかかるわけはないのですが、そういうロマンチックな思い込みを勝手にして、かーっとなった。そして、抜擢した私に対する恨みつらみが吹き出てきました。自分を抜擢したくせに放っているとばかりに、「谷沢ごとき奴！」と許せない気持ちになったのです。

もちろん、この男――Mというのですが――に文学部長や学長の声がかかるわけはありませんから、彼の不平不満は満たされずにエスカレートするだけです。お酒を飲む席に出てくると、「偉そうにいっているけど……」という前口上で、いつも皆を罵倒《ばとう》しました。自分がいちばん偉いのですから、国文学科の先輩教授も平気で罵倒する。彼はちょっと酒乱だったこともあり、皆がいやがりましたので、私が「お前は一切われわれの会合に出るな」といって締め出した。結局、彼は関大を辞めてK短期大学へいき、そこで定年になりました。

このMのように、傍から見たら滑稽至極《こっけいしごく》な精神がなければ、独学は続けられないのかもしれません。「私がもし大学に拾われずに高校の教師をしていたら、Mのような研究をやれただろうか」と自問自答してみたのですが、私はやれなかっただろうという結論に至りました。彼のように「俺は偉いんだ」と朝から晩まで思い込んでいるから独学でできるんですね。

それから、「学ぶ対象が狭い」というのもMの特徴でした。彼は近世の漢学者に関する研究をやっていたのですが、儒学史に一行だけ出てくるような人物を選んでいた。そういう末端をやっている以上、伊藤仁斎《いとうじんさい》、荻生徂徠《おぎゅうそらい》などの主流を全部読んだうえで、その応用例題としてやっているのだと、私は思っていました。ところが、彼は仁斎も何も知らなかった。あるとき、頼山陽《らいさんよう》の父である春水《しゅんすい》が大坂に滞在していたときの日記を演習のテーマにするると聞いて、私が「いまの大学の授業で、それは困ります。『奥の細道』でも何でもいいから、とにかく天下に通るものをやってほしい」といいました。しかし、彼には『奥の細道』の読解ができない。読んでいないからです。

もう一人、Hという男もいました。彼は大坂の近世文学を専攻し、幸田露伴《こうだろはん》を研究していた。風俗史などの細かいこともこつこつと調べていたので、私はMと同じ錯覚をして、彼に好学の志ありと見た。これもまた、前の日まで非常勤講師で、四月一日から大学教授という抜擢をしました。すると、途端に彼は何もしなくなった。それまでは一週間に一回ぐらい、私に電話で訊いてきたり、顔を合わせればお互いに学問の話をしていたのに、電話一本かかってこないし、学校で会っても何にも尋ねてこない。いままでのことは全部、私に取り入るための芝居だったのです。

そういう有り様ですから、もちろん業績はあがらない。そのうえに、今度は学校で無茶苦茶をし始めた。自分の研究室にお気に入りの学部の学生だけを呼んで授業を始めたんです。

私は、なるべく学位は同僚にやるべきだと思っていましたので、それでもHに学位をあげようとしました。彼が書いた物が本にもなっていたので――雑文の寄せ集めでしたが――審査対象になることにはなった。

ちょうどそのときに、Iという俳諧《はいかい》学で日本一といってもいいぐらいの者が大学にいて、彼もまだ学位がなかった。Iが先に学位を取って比較されたら、Hの本は見られたものではないですから、Iに、「年齢順ということで我慢してくれ」といって、Hを先に学位請求させた。その主査をIにし、Iは見事な審査報告書を書いてくれました。

翌年、Iに学位請求を出してもらい、同じ近世ですから、Hに主査を頼んだ。そのとき、

Hが「自分にはIさんの業績を評価する能力はありません」と辞退するか、「名目上は自分が主査になるが、実際の審査要旨はあなたが書いてくれ」といって、私が代作することになるか、二通りだろうと考えていました。彼もまた「本流」を勉強していなかったので、Iの研究はわかるはずがないからです。しかし、私の予想に反して、Hは「はい」といって引き受けた。

引き受けたのはいいが、いよいよ審査要旨の締切り前日になっても、Hは知らん顔をしている。Iの俳諧史の研究がわからないうえに、彼は人のことなどどうでもよかったのです。そこで、私はHに電話をかけて「早く書きなさい。最悪の場合は私が代筆する」と催促しました。翌朝、Hは、私が起きる前に家のポストへ四百字詰原稿用紙で五、六枚に殴り書きした審査報告書を放り込んでいった。これを見た私は怒って電話をかけ、「全部書き直せ。これから電話で要旨をいう」と、一時間ぐらい、要点を教えて書かせたのですが、今度は誤字、脱字だらけという有り様でした。

この学位の件ではさすがに腹に据えかねて、Hと彼の兄――お兄さんはきちんとした人でした――を家に呼び、彼の行為がいかに学者としての信義に外れているかを指摘して「自分の進退を考えろ」といったら、彼は素直に辞表を出しました。

大学で学ぶ意味の一つは謙遜を知ることにある――渡部

「大学に入る」ということの一つの意味は、ある程度謙遜《けんそん》することを知る点にあります。やはり、できる人間が周囲にいますからね。また、自分と違ったテーマをやっている者が自然に見えてきますので、視野を広く持っていれば、唯我独尊《ゆいがどくそん》になることは難しいはずです。

もっとも、「お」が付いた勉強家、つまり「お勉強家」になって、思い込みがまったくなく、テーマさえつかめないという人もいます。これは「罔《くら》い」わけですが、いまの例のように思い込みだけというタイプは「殆《あや》うい」のと同時に「罔い」ですね。

8 信用

《宮崎論語　爲政第二――三八》

子《し》曰《いは》く、人《ひと》にして信《しん》なくんば、其《そ》の可《か》なるを知《し》らざるなり。大車《たいしゃ》に輗《げい》なく、小車《しょうしゃ》に軏《げつ》なくんば、それ何《なに》を以《もっ》て之《これ》を行《や》らんや。

子曰く、人間がもし信用をなくせば、どこにも使いみちがなくなる。馬車に轅《ながえ》がなく、大八車に梶棒《かじぼう》がないようなもので、ひっぱって行きようがない。

「信」がなければ何事もなし得ない――谷沢

私はこの「爲政第二――三八」で記されている「信」が『論語』で中心的な問題ではないかと思っています。

『論語』のキーワードとして、普通は「仁《じん》」という言葉があげられます。でも、私の一人合点の考え方では、「仁」はあまりにも高尚かつ高度な人徳であって、われわれ凡人は「仁」というものを考えるだけで頭がくらくらしてしまう。だから、かつて『古典の読み方』(PHP文庫)という本を書いたときに、あえて私は『論語』のキーワードとして「仁」を使用しませんでした。その代わりに、われわれがすぐに近づけて理解でき、実行可能な徳としてあげたのが「信」でした。

世間から信用されなければ、いかなる行動も効果がありません。この世の中で生きていくとき、自分というものの取り柄を活かし、自分の仕事をやるためには舞台装置が必要となりますが、われわれがその上に乗って人生の演技をする舞台のことを「信」というのではないかと思います。したがって、「信」は自己を活かすために必要不可欠なものです。

では、信用されるためにはどうしたらいいのか。これは簡単でして、一つは絶対に裏切らないことです。ヤクザの約束は別ですが、真っ当な人間同士の間の約束事は裏切らない。

それから、人に対してむごいこと、冷酷なことをしない。ことに後者の場合、日本社会できわめて大きな条件です。日本人でいちばんいやがられるのはむごい人間でしょう。やり手とか何とか、世間で悪口半分いわれている人たちの共通点を考えたら、やることが冷酷なのです。

だから、とにかくむごいことをしない、冷酷なことをしない、そして裏切らないということさえ守れば、絶対に信用されます。

もう一つとして、生き方に筋を通すことも信用を得る要素です。清水幾太郎《しみずいくたろう》の例ではないですが、昨日までの筋と今日からの筋を変えないといけないことが往々にしてあります。清水幾太郎はある時期まで一つの筋を通し、次にまた別の筋を通しました。それはそれでいいのです。ふらふら、くねくねとするのがいちばんいけません。

それから、人に対する心持ちが温かいということも大切ですね。「あの人は気持ちが優しい」といわれたら、人は寄ってきますし、こういう人は信用できます。

金を誤魔化さなければ極貧に陥ることはない――渡部

『論語』といえば「仁」といわれるのだけれども、「信」を取り上げられたのはたいへん鋭い視点だと思います。

「仁」はもちろん重んじられているけれども、孔子は「信用」ということも重んじていますね。たとえば、「子張第十九――四七八」(「穂積論語」)に「殿様に忠告する時も、信用を得てからしなさい」(「信《シン》ゼラレテシカル後《ノチ》ニ諫《イサ》ム」)とあるのがその一例です。

「信」というのは、「大車に輗《げい》なく、小車に軏《げつ》なく」で、社会生活の心棒になっているといっていいでしょう。身近な話でいえば、私の女房はすでに私の信用を得ているから、いくら私に忠告してもいいんです。しかし、信用を得てない者が私に忠告しても、「何をいっているんだ」ということになる。たとえその忠告が有効なアドバイスであっても、信用のない人が口にすると説得力が弱くなるし、場合によって恨まれたりもする。また、「信」がなければ、株式取引だってできません。「買います」といって、いちいち金を持ってやり取りするわけにいかないのですから。

私は田舎の出ですから、ずいぶん貧乏人を見ました。そこで気づいたのは、お金を誤魔《ごま》化《か》さなければ極貧《ごくひん》にはならないということです。たとえ大きな仕事でなくても、信用のある人は必ず仕事を任されます。極貧の状態からうだつが上がらないのは、お金を使い込む人、任せたらちょろまかす人です。お金で信用ならないというのは、すべてに信用ならない。だから、普通の人で永久に下積みのままというケースはない。お金さえ誤魔化さなければ、下層社会から抜け出すことはできたと思います。

日本のいいところは、「お金で信用のある国」という信用があったことです。なぜ、廃墟《はいきょ》から日本が立ち上がることができたかといったら、一つには信用があったおかげでしょう。戦前、日本と取引した国がたくさんありました。そして、三井物産や三菱商事は不義理したわけがないから、敗戦のあとでもユダヤ人などのバイヤーが来て、取引が成り立つんですね。

それから、インドネシアやマレーシアで華僑《かきょう》は戦争中に敵についたので、だいぶ痛めつけられたはずです。しかし、彼らも日本人とは取引する。それは信用があるからです。どんなに嫌いであっても、日本人とは取引したがるんです。そうでなければ、現地に進出などできません。反日感情が強いところで、どうして商売が成り立つのか。この頃は変な人間も出てきているけれども、それは例外で、普通の会社には入ってきませんから、日本人は金を誤魔化さないという信用はまだ続いているといっていいでしょうね。

私が日本の信用をいちばん体験したのは、ヘイ・オン・ワイというイングランドとウェールズの境にある古本屋でした。ここは、変わった人が流行《はや》らなくなった映画館を買って大きな古本屋を始めたことをきっかけにして、古本屋がたくさん集まったという地域ですが、三十年近く前に家族と一緒に旅行したときに、そこでかなりの冊数を買いました。持って帰るわけにいきませんので、日本へ送ってもらうために住所を書いて渡し、お金を払おうと「すぐ計算してくれ」といったら、「こんなたくさんの本を計算するのはいまは駄目だ。支払いはあとでいい」といわれた。「あとで」とはいつのことかと聞くと、「本が着いてからでいい」というんです。

いまから三十年ぐらい前までは、イギリスで古本を買う階級はきちんとした人ばかりでした。だから、誤魔化さないという常識が彼らの社会ではあったのかもしれません。しかし、やはり日本人は金を誤魔化さないという信用もあったと思います。おそらく明治以来、イギリスの古本屋に対して金を払わなかった日本人がいなかったのでしょう。だから、どの古本屋も日本人といったら信用していたのだと思います。

賭博の借金は必ず返すのが紳士の条件――谷沢

お金を誤魔化さないということでいえば、明治維新のとき、幕府の借金を明治政府は全部返しています。明治維新は革命かどうかという議論がいまだにありますが、私の考えでは、半分は革命だけれども半分は革命ではありません。帝政ロシアの借金をレーニンが払わなかったことからわかるように、革命は借金をチャラにしてしまいます。しかし、明治政府は徳川幕府の借金をきちんと払ったのですから、これは革命ではない面があるということです。

庶民の世界でも、お金を誤魔化すということはたいへんな悪事と見られていましたね。いまは信用組合といっていますが、昔は頼母子《たのもし》といった庶民金融の形態がありました。これは、十人なら十人集まって金を出し合い、金を出した人の中で貸し出すシステムです。頼母子講で、「緊急に金が要るので、今月は私に落としてくれ」と泣きを入れるケースがよくあったようです。そのあとが問題なんです。きちっと返済したらそのあとも仲間に入れてもらえるが、えてして誤魔化そうとする者が出てくる。さきに金を取って、支払いをだんだん怠《おこた》ると、「あれは駄目だ」ということで、一切、相手にされなくなり、町内で孤立する羽目になる。

そうなると、烏金《からすがね》になる。つまり、朝飯の米も亭主に持たせてやる弁当の米もなくなり、女房が朝、烏が「かあ」と鳴く時刻に高利貸しへいって、担保なしで五千円ほど借りてくる。その金を持って米屋へいき、米を買い、漬物ぐらいを買ってきて、朝飯を作り、亭主の弁当を作って送りだす。亭主がその日の日当を持って帰ってくると、その中から借りた金を返しにいく。こういう生活になるわけです。それを返さないと、もう食事もできなくなります。

日本で郵便局などに強盗が入ったというニュースをしばしば聞きますが、あの理由のほとんどがサラ金に借金を返すためなのだそうです。これは日本ならではのことだと思います。つまり、強盗という犯罪を犯さないことよりも、借金を返さなければならないということのほうが大事だ、という意識がある。だから、頭の中でバランスを逸《いっ》して、手段を選ばない行動に出てしまうのでしょう。

外国で似た感じの話を探すと、紳士の世界の「借金を返す」という鉄則が近いかもしれません。フランス映画の一シーンに「賭博《とばく》の借りは名誉の借り」というセリフがあります。

博打《ばくち》といっても悪い博打ではなく、ポーカーなどの紳士の遊びとしての博打ですが、紳士社会では博打で負けた金を絶対に返さなければいけない。そうしないと紳士付き合いができなくなるのです。だから、家中の家具を全部売っても、賭博の負けは返す。そうすると、すっからかんでも、「私は紳士である」といえる。逆に、返さないとその日から紳士でなくなり、無頼漢《ぶらいかん》になる。これは資格の喪失であり、人間以下の生存物になってしまうわけです。

借金返済に出てくる日本の国民性——渡部

日本では信用を失うということが恐ろしいことなんです。いま、学生が平気で自己破産をするといわれているけれども、軽く見たらいけません。おそらくまともな会社では、自己破産した者は危なくて使えないでしょう。たとえ履歴書に書かなくても、「焉《いづく》んぞ瘦《かく》さんや」で必ず伝わります。調べられれば隠せない。それに、自己破産したら株式会社の役員になれない。ただし、何年間かの期間があれば役員になる資格を回復します。あまり厳しくすると、高利貸にやられた場合は気の毒ですから、そういう含みもあってのことでしょう。けれども、頼母子講で金を返さなかったら駄目です。これは高利ではないのですからね。

金を返さずに信用を失い、だれからも相手にされなくなれば、生きるために日銭を稼《かせ》ぐよりしようがない。日銭を稼ぐとなると、肉体労働するのが手っ取り早い。もっと追い詰められると烏金になって、それも返せなかったら、翌日から食えなくなり、ついには夜逃げということになってしまいます。

サラ金への返済のために強盗に入るのは、日本の社会が狭いために「信」を失ったら二度と立ち上がれないという意識があるからでしょう。そういう国だから、暴利を抑える法律がなければいけません。知らないで借りて、あっという間に何倍にもなったら気の毒です。金利は最高でも年間二割ぐらいに抑えられていて、何十パーセントということがあってはいけない。善良な借金者は大勢いますから、金利を抑えるのは国家の使命でしょうね。

日本人が借金をきちんと返す証拠に、サラ金が皆儲かっている。焦げ付く率は二、三パーセントぐらいでしょう。もっとも、サラ金で借金しない生活が、いちばんいいのはいうまでもありません。

9

批判

《宮崎論語　里仁第四――六九》

子曰《しいは》く、惟《た》だ仁者《じんしゃ》のみ、能《よ》く人《ひと》を好《この》み、能《よ》く人《ひと》を悪《にく》む。

子曰く、好むべき人を好み、悪むべき人を悪むことができたなら、それは最高の人格者と言える。

これだけは許せないという基準を持つ――谷沢

ここでは「人を悪む」という『論語』には珍しい論理が出ています。

これは以前からの持説ですが、世の中でいちばん信用できないのは八方美人だと思います。我慢していても悪口がつい出てきてしまうのが普通の人間でしょう。それに対して、だれに対しても全部良くいえる人間は、よほど腹黒い人だといっていい。悪口をまったくいわないのは、よほど腹の底にいろいろなものが溜まっていて、その計算のうえで、「あれもよし」「これもよし」と計算を働かせているからです。そういう人間の評価眼などを信用できるはずがありません。

たとえば、武田泰淳《たけだたいじゅん》はかなりの数の批評文を残しましたが、座談会に出ても文章を書いても、一回たりとも作家を批判したことがありません。全部誉めました。そんな人の批評眼を信用できるでしょうか。それに似たような評論家稼業はだいぶいますが、いちばん大物で典型的なのは武田泰淳です。

この世というものは、プラスの因子を持っている人とマイナスの因子を持っている人の寄り集まりです。プラスの電荷《でんか》だけを持っている人ばかりではないということを、冷静に認めなければいけません。そこではマイナスの因子を、ある程度許容しないと社会が成り立たないわけですが、だからといって、すべてを許すというのでは信用できないのです。他者に対してどうしても人間として許せないという原理原則を持たない人は、人間としての芯《しん》を失っているからです。

また、「これだけは許せない」という人間に対して、はっきり排除する、あるいは憎む、あるいは批判する、あるいは面を冒《おか》して忠告するというように、何らかの手を打つことを一切しない人間は、社会生活から逃避しているのです。これは責任をとらない生き方をしているのであり、やはり信用できません。

それから、ここでいわれている「能く人を好み」の「好む」というのは、相当強い意味だと思います。その人物を高く評価する。そして、その人物と自分が友人であることを誇りに思い、喜びとする。そういうことでしょう。

詰まるところ、人間社会は「選別」なんです。そのことをここでは明確に打ち出していると思います。

「一視同仁」は人間にできるものではない――渡部

「一視同仁《いっしどうじん》」（すべての人を平等に愛する）という言葉がありますね。これは神様ならば可能かもしれませんが、人間では難しい。やはり、人間として「これは許せない」というものが必ずあるはずです。それを外してしまったら、仁者《じんしゃ》ではない。そもそも孔子自身が一視同仁ではないわけで、仁者が人を憎むこともあるということです。

いままでの日本では、批判するときに「名指しした」というだけで、タブーを犯したような感じがありましたが、誉めるだけで批判がないというのは批評しないのと同じです。この辺の感覚は変えていかなければなりません。

批判がないということでは、テレビの世界がそうです。だから、言論としてテレビはもう一つ駄目なのです。だんだんとテレビが芸能人の世界になってきたのは、そのためでしょう。要するに、リラックスして、寛《くつろ》ぎとしてテレビを見たい、そんなところで正論を聞きたくないという人が多いのではないですか。そういう雰囲気がテレビ局の自己規制にも繋《つな》がるんですね。

露骨な批判を嫌う日本社会の雰囲気——谷沢

相撲のテレビ放送はＮＨＫの独占であり、ＮＨＫと相撲協会のお眼鏡《めがね》にかなわなければ、解説者になれない。だから、いまの解説者は全部幇間《ほうかん》——太鼓持《たいこもち》です。ちゃんとした批評、分析を一切しません。テレビで人を批評することは、至難の業でしょう。

　そもそもテレビという媒体は、大きく幇間芸のほうへ偏っています。たとえば、久米《くめ》宏《ひろし》の言葉が批判しているかのように聞こえても、実は視聴者におもねっていっているのであって、彼の思想的な批判ではない。「こういったら、視聴者の嫉妬《しっと》心をくすぐって、面白がってくれるだろう」という計算のうえでやっているだけのことです。

　テレビについては、竹内靖雄《たけうちやすお》が『日本人の行動文法《ソシオグラマー》』（東洋経済新報社）の中で面白い指摘をしています。それは「テレビにおいて他人を批判することは不可能である」というものです。ただし、日本においては、という前提のうえですがね。これはテレビという媒体の本質論として、非常に的確なのではないでしょうか。この一条を読んだとき、私は膝を叩いてうなずきました。

なぜ、テレビで批判が不可能かというと、「日本人が特定の個人を名指しして、具体的に批判する人をいやがるのは、視聴者が『自分がいずれそういう目に遭《あ》うのではないか』という恐怖心に駆られた、自己防衛本能に基づく」からです。つまり、皆、自分がやられている気になってしまうんです。ただし、政治家とスキャンダル芸能人はその例外でしょう。政治家というものは、悪口をいわれるために存在する人形ですから。

私が若いときに、柳田泉《やなぎだいずみ》という有名な学者が校訂した『小説神髄《しょうせつしんずい》』(岩波文庫)について、「この校訂は信用できない」と書いたことがあります。私は現物を手元に置いて照合していたので、現物ときっちり照合しないでやったということがすぐにわかった。おそらくだれかが活字にしている物を信用して、それと照らし合わせたのでしょう。そのとき、先輩の学者から「そういう露骨なことを書くものではありません。『この校訂には問題がある』と書きなさい」といわれました。問題があるといったら、これから解決すべき課題が残っているというニュアンスがあり、悪口に近いけれども、少なくとも露骨な批判ではない。つまり、先輩の仕事は露骨に批判するなという忠告だったわけです。

10 利益

《宮崎論語　里仁第四――七八》
子曰《しいは》く、利《り》を放《ほし》いままにして行《おこな》えば、怨《うら》みを多《おお》くす。

子曰く、見さかいもなく利益を追求すれば、方々から怨まれる。

商取引の根本は相互利益である――谷沢

この言葉は商取引論です。商取引の根本は「相互利益」です。この「相互利益」という根本概念を外したら、一切の取引はできなくなります。取引は自分が利益を欲しいから行うものではありますが、取引相手が不満に思わない程度の利得を与えるような計算もしなければならないのです。

「相互利益」については、のちにアダム・スミスが理論化しました。また、日本では慶長年間に貿易商の角倉素庵《すみのくらそあん》が「舟中規約《せんちゅうきやく》」に書いています。それは「貿易というものはどんなにこちらの利益が大きくても、先方に利益がなければお終《しま》いである。こちらの利益がいかに少なくとも、先方にも利益を与えるようにすれば長持ちすることができる」というような内容であり、おそらく『論語』のこの一節を読んでいたのだろうと思います。「舟中規約」は儒者の藤原惺窩《ふじわらせいか》が筆を入れたという説があります。惺窩ならもちろん『論語』を知っているわけです。

太古の文明発生以来、世界は必ず交易を行ってきました。その交易の根本精神が「相互利益」であり、ひいてはそれが人間社会の原則であるということもいえるでしょう。だから、これは商業論を根幹とした人間社会論の根本だと思います。

自分の利ばかりを図ると怨みを買う――渡部

「mutually《ミューチュアリ》 beneficial《ベネフィシャル》」ということですね。これは谷沢さんがよく引用される例だけれども、三菱財閥《ざいばつ》を創った岩崎弥太郎《いわさきやたろう》が「二人で組めば好きなようにできる」と渋沢栄一《しぶさわえいいち》を誘ったところ、渋沢は断った。他の人々の利を損なうというのがその理由でした。だから、渋沢は財界の大御所《おおごしょ》として尊敬され、最後まで怨《うら》みを買うことが少なかったのでしょう。

商取引ということから演繹《えんえき》して考えてみますと、いまの行政は行政官が天下り後の利を思っています。つまり、「利によりて行政を行っている」のです。行政と行政の管轄《かんかつ》を受ける業界の癒着《ゆちゃく》は、業界のほうも利を思っているから図るのだけれども、官のほうがはるかに強く利を思っている。そこに問題があるんですね。

それがいかにひどいかは、たとえば日本における農業の規模が年間で十一兆四千億円なのに、農地の改良その他のために年間四兆円ぐらいを税金から支出しているのを見ればわかります。こんな馬鹿なことはない。金をもらうほうも利を思い、配るほうにかかわっている官僚も天下り先まで考えて利を思い、それから農林族議員たちも自分の票を考えて利を思う。皆、利を思っている。

個人レベルの商取引で相互に利を重んじているのなら、それこそマンデヴィルの法則（編集部注：私悪はすなわち公益につながる）ではないですが、全体として善ということがあり得ます。しかし、こういうふうに利を思われたのでは国家が危うくなります。これは谷沢さんの批判してやまない住専問題の根幹になっている問題ですが、いま、あちらこちらで怨みが噴き出してきました。公の利を思わず、自分の利を図るということは怨みを生み出すんです。

最近の話題では薬害エイズの問題がありますが、これも皆、官僚が公の利を思わず、天下りという自分の利を考えて、ミドリ十字に便宜《べんぎ》を図ったから怨みが多いわけです。

官僚は民間をいじめて音を上げさせたあと、利を持って天下る──谷沢

いまから二十年前、ミドリ十字に「厚生省事務次官を、社長ないし社長待遇副社長で天下りさせろ」と厚生省が持ちかけました。ところが、ミドリ十字は大阪の会社で、東京の会社と違って政治意識が乏しいですから、けんもほろろに断った。すると、厚生省から徹底的にいじめられた。これにミドリ十字は音を上げて、厚生官僚の天下りを半ダースいっぺんに受け入れた。その連中の中に今度辞めた社長もいます。官のやり方は、まず、いじめるんです。いじめていじめて音を上げさせて、次に利を持って天下る。

三島由紀夫《みしまゆきお》が次のような皮肉な言葉を残しています。「政治とは冷やして後温めることである」。官僚はまず冷やして、それから手土産を持って温めにいくわけです。それで自分たちがその温かい椅子に座るのです。

11 世間

《宮崎論語　里仁第四――九一》

子曰《しいは》く、徳《とく》は孤《こ》ならず、必《かなら》ず鄰《となり》あり。

子曰く、修養に心がければ、匿《かく》れてやっていても、必ず仲間ができてくる。

人は人を認めたがっているものだ――谷沢

これも有名な言葉です。この宮崎市定の訳が必ずしも適切だとは思わないのですが、「修養に心がければ、匿れてやっていても、必ず仲間ができてくる」という言葉を逆説的に言い換えますと、世間のあらゆる人が常に自分にとって信用できる間柄《あいだがら》の友だち、関係者を熱心に欲しているということになるでしょう。

人は決して自分一人で生きているのではありません。だから、たくさんの関係者といい関係を持ちたいのです。

そこで、いかにも信用できそうな人徳のある人があらわれれば、人は飛びついてくるということを、ここではいっていると思います。

「人は人を認めたがっているものだ」と考えてもいいんです。それをたいていの人は、「人は人を認めたがらないで暮らしている」というふうに錯覚しています。たしかに、一見、世の中は冷たいように見える。しかし、実は、能力のある人、仕事のできる人、何らかの貢献が可能な人がいないか、と世間は探しています。たとえていえば、サーチライトで照らして探索しているのです。だから、自分という人間の内容が充実していれば、必ず光があたります。

実力があれば隠れたままで終わることは考えられない――渡部

そうですね。これは「焉《いづ》んぞ瘦《かく》さんや」に通じるものですし、応用問題としていえば、『書経《しょきょう》』にいう「野《や》に遺賢《いけん》なし」というのにも通じます。

ビジネスの世界では、信用があれば必ずそこに注文がいきます。「信」があれば大丈夫なんです。それから、小説でも何でも、本当に実力があれば、隠れたままで終わってしまうということはちょっと考えられません。

世間は人を探している——谷沢

すでに亡くなりましたけど、私の知っている方で、松本広治《まつもとひろじ》という人物がいました。松本は東大法学部政治学科の出身で、共産党の大阪地方のオルグだった。それが第一次共産党検挙で逮捕され、獄中七年を経て、非転向で出てきた。そして、戦争中は捕まっていた多くの人たちの救援運動をして、戦後は武田薬品の労務部長（勤労部長）まで務めた。そのままいたら当然、重役になっていたでしょうが、労務方針の違いで会社と喧嘩《けんか》して辞めてしまった。辞めても次に就職するあてがあるわけではなく、文字どおりの「天下の素浪人《すろうにん》」で、何にもない。一時は屋台で酒を飲む金にすら窮していたほどです。しかし、そんな時代でも昂然《こうぜん》としていました。

そのうちに、尼崎の冨士レジンというつぶれかかった中小企業から「何とか再建してくれないか」と呼ばれたのです。天下の素浪人で、しかも経営の前歴ゼロという人に口がかかったわけです。松本はその会社に乗り込んで、工場を見て回ったりしているうちに、研究部でちょっと変わった人が変な研究をやっていたのを知ります。これまで皆はその変な人を馬鹿にしていたのですが、松本は彼の研究を見て、「これはいける」と判断し、会社の事業として取り組ませた。その結果、この研究があたって、いっぺんに会社は大きくなりました。

私は、松本の人生を見て、「ああ、世間というものは人を探しているんだなあ」と痛感しました。

12 運

《宮崎論語　雍也第六――一二七》
伯牛《はくぎゅう》、疾《やまい》あり。子《し》これを問《と》い、牖《まど》より其《そ》の手《て》を執《と》る。曰《いは》く、之《これ》を亡《うしな》わん。命《めい》なるかな。斯《こ》の人《ひと》にして斯《こ》の疾《やまい》あり。斯《こ》の人《ひと》にして斯《こ》の疾《やまい》あらんとは。

伯牛が重病にかかった。孔子が見舞いに行ったが、(傳染を慮《おもんぱか》って)窓から手をさしのべて堅く長い握手をしてかえった。曰く、もう駄目か。なんという運命だ。こんな立派な人がこんな病氣とは。こんな立派な人がこんな病氣にかかるとは。

この世には人力で防げない悪運がある――谷沢

伯牛は「斯の人にして斯の疾」と孔子が惜しむほどのすばらしい人物です。そんな人が重病に罹《かか》ったのは、伯牛の罪ではない。ただ天の致すところです。人の世というものは、全部が合理的に運営されているわけではないんです。

世の中には人力をもって防ぐことのできない悪運というものがある。このことをちゃんと孔子は認めています。

世界中のあらゆる形而上学は、人の世が「運」というものによって左右されるということだけは、理論的に認めまいとしてきました。しかし、現実には明らかに「運」というものがある。これはどうしようもないことです。

といっても、「だから、あきらめるしかない」という諦念《ていねん》を勧めるわけではありません。私のいいたいのは、あきらめるのではなしに、「いま、私はとにかく無事である」ということに深い感謝の念を持つべきではないか、ということです。「世の中には悪運というものがあるが、自分はいま、悪運にとりつかれていない」ということに対する喜び、感謝、これを皆が持てば、ずいぶん世の中は明るくなると思います。

運命のうちの何割かは理に合わないことが起こる——渡部

これは病気の話だけれども、「理に合わない不幸」は他にもいくらでもありますね。飛行機が落ちて亡くなるというのもそうですが、「この人にしてこの不幸あるかな」というような事態がしばしば生じます。これはその人が立派であるとか、立派でないとかにかかわらない。「天なるかな、命なるかな」なんです。

人生の大部分はまあまあ理にかなっていると私は思っていますが、いまおっしゃったように、どうしても運命のうちの何割かは理に合わないことであると認めてもいます。そこを見ないで、たとえばある秀才が貧しくて学校にいけなかったということだけを取り上げると、社会を恨むような精神が強く出たりするわけです。もちろん、運命を理に合わせるように努力すべきではありますが、それでも合わないところが出てくることを、私たちは心得ておくべきでしょう。

吉屋信子《よしやのぶこ》の『女の友情』という小説で、非常に苦労したお母さんが娘に向かって「あんたを女に生んでごめんね」という場面があります。たしかに戦前は男ばかりが威張っていましたから、女性が気の毒である場合が多かった。しかし、これはじたばたしても仕方がないんですね。戦争だって、立派な人はばたばた死んで、臆病《おくびょう》者や卑怯《ひきょう》者が生き残ることもあり得るわけですし、たとえば男で赤ん坊を生みたいと思っている者がいても、まだ男に子宮を移植して子供を生ませることは医学的に不可能ですから、男に生まれた以上、子供を生むことはできない。それは気の毒であるけれども、どうしようもない。ままならぬ世だとあきらめてはいけないのだけれども、どうしてもそういう要素が残るんです。

努力しても駄目な場合は、運が悪いと思ってあきらめろ——谷沢

河盛好蔵《かわもりよしぞう》が『人間読本』(昭和四十一年、番町書房)にこんなことを書いています。河盛が立教大学の教授であった頃に、三土忠造《みつちちゅうぞう》という当時有名な政治家が講演にやってきて、これから卒業する学生に対して話をした。三土は叩き上げで世に出た人で、いわば人生の先輩ですから、「諸君はこれから世の中に出ていくが、こういうこと、こういうこと、こういうことに気をつけろ」というふうに、社会人としての心得をいくつかあげたらしい。その次がいいんです。

「以上のことを全部守れば、きみたちは必ず世の中で、一角《ひとかど》の者になれる。しかし、これだけ努力しても、なおかつ駄目な場合もある。そのときは運が悪いと思って、男らしくあきらめろ」

河盛は、その最後のセリフが面白かったと記していますが、人生というものをわかっているからいえる言葉だと思います。

13 楽しむ

《宮崎論語　雍也第六——一三七》
子《し》曰《いは》く、これを知《し》る者《もの》はこれを好《この》む者《もの》に如《し》かず。これを好《この》む者《もの》は、これを樂《たの》しむ者《もの》に如《し》かず。

子曰く、理性で知ることは、感情で好むことの深さには及ばない。感情で好むことは、全身を打ちこんで楽しむことの深さに及ばない。

《穂積論語　雍也第六——一三七》
子《シ》ノタマハク、コレヲ知《シ》ル者《モノ》ハコレヲ好《コノ》ム者《モノ》ニ如《シ》カズ、コレヲ好《コノ》ム者《モノ》ハコレヲ樂《タノ》シム者《モノ》ニ如《シ》カズ。

孔子様がおつしやるやう、「知る者よりも好む者が上、好む者よりも楽しむ者が上

〓ぢや。」

楽しむ者は心が広く温かい——谷沢

われわれは長年学生を見てきましたので、身にしみて知っているのですが、「学ぶ」ということはこの一言に尽きます。

「これを知る者」というのは、功名心に駆られて勉強している者です。その結果は理屈倒れになる。固定観念にとらわれて、現実への対応も応用もできなくなってしまうのです。

それから、「これを好む者」というのは、少なくとも「知る者」よりは上なのですが、やはり問題があります。好みというものは必ず偏《かたよ》るんです。独学の人の話ではないけれども、ささやかな部分の研究をする人というのは、だいたいが「好む人」です。ただし、ささやかな部分の研究において、全体とのパースペクティブの中で見ているか、あるいはそれしか知らないかによって、天地雲泥《てんちうんでい》の違いがありますが、「好む人」は全体を見ることを怠りがちですから、偏僻《へんぺき》といいますか、偏りが出てきてしまう傾向が強い。

しかし、「樂しむ」というのは、まず飽《あ》きがこないし、楽しいのですから途中でやめたりもしない。楽しい以上、その人の心は広いし、温かい。そうすると、視野も広くなる。そのため、さまざまな人生の、あるいはさまざまな学問の分野のいろいろな部分を、できる限り洩《も》れなく拾い上げるという態度になり、話題も豊富になります。

楽しめば際限がないのです。その点、知るだけの人は「ここまで知ったらいい」と自分で歯止めをかけてしまう。それから、好むだけの人はどんどんどんどん脇道へ逸《そ》れていく。この違いの大きさは、もはやいうまでもないと思います。

テレビの「開運なんでも鑑定団」に出てくる蒐集家《しゅうしゅうか》のように、鬼気迫る蒐集家というタイプがいますが、あれは「好む人」ですね。「楽しむ人」は、そんな偏った蒐集をしません。私などはこの一条を拳拳服膺《けんけんふくよう》しているのですが、学者仲間でも楽しんでいる人は信用できます。学者に限らず、われわれは皆、物学びする人間です。そして、これは物学びする人間に対する評価の唯一の基準ですね。

「オタク」は「好む人」にすぎない――渡部

これはまさに「学ぶ姿勢」を語っている一条であり、新入生にいって聞かせるにふさわしい言葉ですね。

たとえていうならば、「これを知る者」は受験勉強のときにたくさんの学習参考書を買う人です。「これを好む者」は大学のある学科に入ったら、その学科のスタンダードな本――

国文学ならば岩波古典文学大系など――を買う人です。「これを樂しむ者」は谷沢さんのように古本屋を回り、古本屋のカタログを見て雑書まで買う人でしょう。これは一つの目安ですが、当たらずといえども遠からずというところだと思います。

いわゆる「オタク」が「好む人」でしょう。「樂しむ」になると、もっと心に余裕が出てくるんですね。いまおっしゃったように、知識を楽しむという要素があったら、「これだけしか楽しくない」ということはないのですから、対象となる範囲も視野も広がり、心豊かになるわけです。

14 学者

《穂積論語　述而第七――一四九》
子《シ》ノタマハク、默《モク》シテコレヲ識《シル》シ、學《マナ》ンデ厭《イト》ハズ、人《ヒト》ヲ誨《オシ》ヘテ倦《ウ》マズ。何《ナニ》カワレニ有《ア》ランヤ。

孔子様がおつしやるやう、「口に出さずに心にきざみ、自ら學んでいやにならず、人を教へてめんどうがらぬ、ただそれだけの事で、ほかにわしには何の取りえもない。」

理想の学者像とは何か――渡部

まだ学んでは厭《いと》うことはありませんが、この頃、ときとして人を教えて倦《う》むようになりました。だから、孔子から怒られそうなのだけれども、若い頃は「學ンデ厭ハズ、人ヲ誨ヘテ倦マズ」だったと自負しております。

面白いのはチョーサーの『カンタベリー物語』の序詞——プロローグ——の中に、似たような言葉があることです。オックスフォードの学徒というところの最終行なのですが、「And gladly wolde he lerne and gladly teache」(そして彼は喜んで学び、喜んで教えた)という言葉が書かれている。これはイメージとして、孔子のこの言葉と見事に一致します。『カンタベリー物語』に出てくるオックスフォードの学徒は、貧しいけれども本だけは持っている人です。あの当時、本は貴重品でしたので、アリストテレスか何かの二十何冊ぐらいの本を持つことに満足して、あとは教えて飽きず、学んで倦《う》まずという人だった。チョーサーはこれを一つの理想の学者としています。

私も若いときから「こうありたい」と思っていました。六十歳を超えたら教えるほうはちょっと倦むようになって、その点で少し堕落したわけですが……。

知ったことを噛みしめて味わう境地——谷沢

この一条で、私は「默シテコレヲ識シ」という部分が好きです。自分が知ったこと、わかったことをすぐ吹聴《ふいちょう》したいというのは人情です。私も若いときはそうでした。いま振り返って見ると、生意気だったと思います。ところが、ある年齢に達しますと、それを噛《か》みしめて、その味わいを楽しむだけで満足できるという状態になった。そうなると、心豊かに暮らせますね。

私は大学であまりいい教師ではなかったのだけれども、「この人なら将来、成長してくれるだろう」と思う何人かの人には、一所懸命、私の存《ぞん》じ寄《よ》りをいいました。ときには葉書に「ここはこうしたらいいのではないか」と書いてみたりもした。人に期待する喜びといいますか、そういうことをしてみたい気持ちが人間にはありますね。

本当の読書家の資格――渡部

私は自分の専門でなくても出物《でもの》の本を買っておいたのですが、多くは論文を書く学生に貸すために買ったようなものです。これは教えることの喜びだったのですね。

最近、私も「黙シテコレヲ識シ」に近い思いを感じております。ハマトンの随筆のうちで、『知的生活』(講談社および三笠書房文庫版)などではなく、『動物随筆』などの作品が楽しくてしょうがない。これを読んでも知識を振り回せるわけではないが、とにかく読んでいて楽しいのです。ハマトン自身も動物観察を楽しんで書き留めていたように思います。こういう読書が本当の読書かもしれないと感じるようになってきました。

それから、三宅雪嶺《みやけせつれい》に『妙世界建設《みょうせかいけんせつ》』(昭和二十七年、実業之世界社)という長編のエッセイ集があるのですが、その序文で「三宅雪嶺の随筆を楽しむようになれば、本物の読書人だ」という趣旨のことを木村毅が記しています。書いている三宅雪嶺のほうも黙々とミニコミみたいなものに筆を振るい、読むほうも大衆が読まない三宅雪嶺の牛の涎《よだれ》みたいな随筆を黙して読んでいる。「黙シテコレヲ識シ」というとき、そんなイメージが私にあります。そして、それを楽しいと感じることが、本当の読書家の資格のような気がしています。

15 自信

《穂積論語　述而第七――一六九》
子《シ》ノタマハク、天《テン》、徳《トク》ヲワレニ生《ショウ》ズ。桓魋《カンタイ》ソレワレヲ如何《イカン》。

孔子様がおつしやるやう、「天から仁義道徳の道を生みつけられたわしぢや。桓魋風情がわしをどうすることができようぞ。」

《穂積論語　子罕第九――二一〇》
子匡《シキョウ》ニ畏《オソ》ル。ノタマハク、文王《ブンノウ》既《スデ》ニ没《ボツ》シテ文《ブン》ココニ在《ア》ラズヤ。天《テン》ノ将《マサ》ニ斯《コ》ノ文《ブン》ヲ喪《ホロボ》サントスルヤ、後《ノチ》ニ死《シ》スル者《モノ》斯《コ》ノ文《ブン》ニ與《アズカ》ルヲ得《エ》ジ。天《テン》ノ未《イマ》ダ斯《コ》ノ文《ブン》ヲ喪《ホロボ》サザルヤ、匡《キョウ》人《ヒト》ソレワレヲ如何《イカン》。

孔子様が匡で大難にあはれたとき、おつしやるやう、「文王がなくなられた後、其名に負へる文はこのわしに傳《つた》はつてゐるとは知らぬか。もし天がこの文をほろぼさうといふおつもりならば、後に生まれたわしがこの文に參與《さんよ》することはできなかつたはずである。もし又天がまだこの文をほろぼさぬおつもりならば、文の代表者たるこのわしが殺されることなどは斷じてあり得ない。匡人如きがわしに指一本でもさせようや。」

「自信」には思わぬ幸運を引き寄せる力があるかもしれない――渡部

一六九は、孔子を殺そうとする者がいるので、門人たちが心配して避難することを勧めたとき、孔子が泰然自若《たいぜんじじゃく》として、「私は天から仁義道徳を教えるように生みつけられているのだから、桓魋風情がどうすることができようぞ」といったという話です。二一〇のほうは、孔子が匡で大難に遭《あ》ったときに、「周の文王が亡くなってから、その名前に値する文というもの――文明のことですね――が私に伝わっていることを知らないのか。もし、天がこの文を滅ぼそうというつもりならば、あとに生まれたわしがこの文に参与することはできなかったはずである。もし、天がまだこの文を滅ぼさぬ思いならば、この文を背負っている私が殺されることは断じてあり得ない。匡の人間が私に指一本触れることができようか」と語ったという話です。どちらも同じことですから、一緒にまとめて考えたいと思います。

ここにあらわれているのは「自信」です。それも、自分が生きている限りは大丈夫、天はまだ自分を滅ぼさない、という強固な自信です。

なぜ、この二つの項をあげたかといいますと、ある本を読んでいて非常に感銘した運命観と通じるところを感じたからです。その本は荒木進《あらきすすむ》著『ビルマ敗戦行記』（岩波新書）という一冊です。著者の荒木進という人のお父さんは、ひょっとしたら荒木大将かなと思うのですが、ものすごい有力者のようです。その著者が兵隊に取られるところで父と会って話をしたときのことを、次のように書いてあります。

「面会に来た父に私は打ち明けて相談した。父はいくらか有力者でもあったのでせめて内地勤務に回される手蔓《てづる》でもないかとたずねたのである。ところが父は曰《いわ》く。人間の智恵など小さいものだ。これがよいと自分は考えても、それが必ずよい結果になるとは限らない。その逆も同じだ。この場合は天命を信じ、このまま行ってくるがよい。誰もお前の無事を祈らぬ者はないのだ。当時の私は胸が一杯だったので、息子の一命にかかわることなのに親父も冷たいなと実は思った。だが、後で悟った。父は偉い。その言も正しいし、愛児の必死の顔付を前になかなかこうは言い放せないものである。父自身、何で我子を安んじて死地に送りうるだろうか。事実、私は後で大変恥ずかしい思いをした。というのは、復員後、福田五段という碁《ごう》打ちの話を何かで読んだ。同五段も私と同じ頃、フィリピン派遣軍に召集されたが、『私は碁打ち、碁以外に才能がない。天が私を碁打ちとして必要と思うなら私は死ぬことはない。死ぬなら私にそれだけの価値がないということで、私は元来世に不要な人間なのだ』と超然として出征したという。私は深く恥じた。大学を出、少しは本を読んで人生に関する考えも持っていると思っていたのに、同じ年頃の碁打ちに人間として遠く及ばないと自認せざるをえなかったのである」

「天が見捨てなければ死ぬはずはない。死ぬのならば、それは不要だと天が判断したのだ」という覚悟が、意外に人を生かすことはあり得ると、私は思います。荒木進氏にしても福田五段という碁打ちにしても、決して聖人君子ではないけれども、そういう普通の人でさえ、覚悟を持つと一つの自信のようなものになり、生き抜く力になった。ましてや孔子のように「自分が文王以来の文明を背負っている」といっている人であれば、その覚悟が「自分は死ぬはずがない」という自信、そしてついには確信といえるほどになっていくのは当然のことでしょう。

「天」を意識することで生まれるような「自信」があるのとないのとでは、やはり危機に対する反応が違ってくるはずですし、ひょっとすると起こる現象そのものが違ってしまうかもしれない。そういうふうに信じてもいいのではないかと思います。私は、本当の自信は思わざる幸運を引き寄せる力があるという感じがしているのです。

人間の智恵など小さいものだ――谷沢

いまのお話のお父さんのセリフで「人間の智恵など小さいものだ」という言葉がありましたが、まさしくそのとおりだと思います。賢く立ち回る人間ほど愚かな選択をすることがあります。というのは、自分は賢く立ち回っているつもりでも、実は単に目先の利益を追求しているだけであったりするからです。

徳川家宣《とくがわいえのぶ》に仕え、幕政改革に取り組んだ儒者の新井白石《あらいはくせき》が木下順庵《きのしたじゅんあん》の門下にいたとき、加賀藩から召しかかえの話が来ました。加賀・前田家は百万石の大大名ですから、師匠は白石に「いったらどうか」と勧めた。しかし、白石は考えた末に、自分より学問ができないけれども、先輩で生活に困っている人を推挙《すいきょ》する。そして、自分は甲府公――後に六代将軍になる家宣です――からの招聘《しょうへい》を受けた。

そのときに彼は喜々として、「加賀百万石へ赴任していたら、新井白石は単なる一儒者にすぎなかった」といったそうですが、たしかに家宣に仕えたことで、ついに大学者になって治世《ちせい》にも腕を振るえた。

私は、そのときに白石が何をどう考えたのかと、つくづく思うのですが、白石には目先の欲よりももっと大きな野望というか希望があったのでしょう。それに賭けたのですね。孔子のようにそこまでの信念があれば、いかなる社会的不遇も苦にならなくなるし、そういう信念は人間の活力をより活き活きとさせます。今日風にいえば、プラス発想です。もっと下卑《げび》た言い方をすれば、そう考えたところで損はない、ということができます。

孔子を大きく感じさせた言葉――渡部

これは本当にそう考えたんでしょう。孔子は嘘をいうような人ではないし、奢《おご》り昂《たかぶ》るような人でもない。だから孔子なんです。

それにしても、この言葉がなければ孔子は小さいですね。孔子は傲慢《ごうまん》なことを他ではほとんどいっていないけれども、ここでは毅然《きぜん》として傲慢です。

それから、新井白石ぐらいの人になると、何を考えていたのかは想像しがたいけれども、おそらく『論語』はすべて暗記していたでしょうから、「天が私の学問を認めるならば、私はその学問で……」と思っていたのではないでしょうか。彼にはいろいろな経験があったのですから、それを活用すべき運命が来るはずだと思ったのかもしれません。普通の人はなかなかそこまでは考えられませんが。

マイナス感情を起こす余地のない考え方――谷沢

同時に、ここではシナ人の「文化」というものに対する特別な尊重意欲というものが感じられますね。日本人の思想家でこんなことを考えた人はいません。

それにしても、自分を「文明の継承、伝達、発展者」と位置づけたら、世の中に恐いものはないでしょう。そこまで考えている人には、世の中に対して不遇感、ひがみ、嫉妬というようなマイナス感情が起きる余地はありません。なにしろ、自分は天を代表し、世界の文明を背負っているということになるわけですからね。

おそらく当時のチャイナの思想家たちは、多かれ少なかれ、こういう信念を持っていたように思います。この小型版であっても、それぞれにバラエティがあって、墨子《ぼくし》や荀子《じゅんし》も、皆、「自分がいなければ、この学説は世から消える」という自負はあったはずです。しかし、その信念が諸子百家《しょしひゃっか》の時代が終わると絶えます。以後、あの絢爛《けんらん》たる思想の競演が歴史を通じて出てこない。そういう使命感がだんだんなくなって、形骸化していき、思想家が出なくなる。漢の時代などは不毛極まる状態になりました。だから、これは中華思想のいちばんいい時代だったといえると思います。

16 吝《りん》嗇《しょく》

《宮崎論語　述而第七――一八二》
子曰《しいは》く、奢《しゃ》なれば不遜《ふそん》、儉《けん》なれば固《かた》し。其《そ》の不遜《ふそん》よりは寧《むし》ろ固《かた》かれ。

子曰く、奢侈《しゃし》は傲慢《ごうまん》に通じ、倹約は頑固に通ずる。傲慢であるよりは、頑固の方がまだましだ。

ケチは人間好きの要素が欠落している――谷沢

奢侈というのは贅沢《ぜいたく》のことであり、ここは贅沢を批判している一条です。必要とするものを身に着け、日常の用に足るものを手元に置くということは、人間生活を平常化していくための普通の行為です。これは贅沢ではない。また、物を持っていても、それを自分で楽しんでいる状態は、奢《おご》り、奢侈ではありません。

ところが、人間というのはなかなかそこに留まることができず、ついつい、一歩越してしまうんです。たとえば、「自分はこんな時計を持っている」とか「これほど余分に蓄積している」と、人に見せびらかそうという気持ちが動く。この動いた瞬間に、入り用から奢侈へと段階が飛んでしまうのです。

両者の差は見ているとすぐにわかります。時計を例にしたついでにいいますと、時間を見るために時計を持っている人と、時計を見るときの態度がまるっきり違います。首の角度からして違うんです。そして、後者の態度は見ていると「俺はこれだけの時計を持っている」と見せびらかそうとしている人では、時計を見るときの態度がまるっきり違います。

経済的に余裕のある人が、私に手の届かない高価な物を身に着けていること自体は、私にとって何のマイナスでもありません。人は人、私は私なのですから、それはそれでいいんです。

では、何が問題かというと、高価な物を身に着けていることで他人に「卑しい」と感じさせてしまうことです。卑しいと感じさせるのは軽蔑《けいべつ》感を持たれることですが、それを人の気持ちの中に沸き起こさせるのが奢侈であると、私は思います。

奢侈は尊大、不遜、傲慢《ごうまん》ということに繋《つな》がっていきます。

一方、生活するうえでの入り用をわきまえている人は、他人から軽蔑されない人です。

これがすなわち、優れた人です。

それから、「倹約が過ぎると固になる」とありますが、「固」とはケチということです。ケチというのは臆病《おくびょう》ということです。

外界に対して、あるいは人に対して、積極的に働きかけることを自ら極端に抑制してしまう怠惰が臆病です。かといって、何でもかんでも積極的であればいいかというと、それではおせっかい、傲慢になってしまいますから、「ここまでは自分の行動可能性として積極性が必要であるが、それ以上はオーバーである」という感覚を見極めることが大事だと、この一条ではいっていると思います。

また、ケチは「人間好き」という要素が欠落しているともいえるでしょう。友人であろうが、だれであろうが、自分以外の人間に対して、「この人が好きだ」「この人と親しくなりたい」「この人と和やかに付き合いたい」と思えば、ケチの要素が減ります。一方、だれとも直接の温かい関係を持ちたくないという人間は、ケチの塊になります。だから、人間関係に対する温かい望みというものが欠落している人が、ケチになるのではないかと思います。

私は「ケチは一生直らない」とよくいうのですが、ケチと臆病は同じですから、どちらも一生直らないんです。

貧乏でもケチにならない生き方がある——渡部

ブランド物を着けていい気になっている女の子は、「奢にして不遜」というものの身近な例ですね。それから、土地を転がしてぼろ儲けして、北新地や銀座で札びら切っていた人たちも、実に「奢にして不遜」な感じでした。

「倹なれば固し」ということでは、田舎などで非常にケチな人たちを、私はずいぶんと見てきました。それは実に頑《かたく》なです。しかし、比較していえば、「奢にして不遜」よりはましだろうと、私も思います。

いまでも私がありがたかったと思うのは、若いときにものすごく貧乏だったのに、お客さんが来ると母が本当に喜んでいたことです。「貧乏だけど」といって、買い揃えたお膳《ぜん》を出し、もてなしていました。一時は訳のわからない夫婦が何カ月も居候《いそうろう》していたこともあったのですが、母はいやな顔をしたことがなかった。だから、友だちが転がり込んできても、私は苦になりませんでした。

それから、うちは鶴岡市にいましたので、田舎から出てきて、うちを中継基地にして駆け落ちする人がいました。私の母はそういう人をいつも温かく迎えてやっていたせいでしょう、姉が死んだときに八十歳近いおばあさんがやってきたんです。自分が家を出た頃、世話になったのを忘れないで弔問に来たらしい。こちらはその人のことを忘れていますから、死亡通知を出さなかったのですが、どこかで聞いて訪問してきたようです。

母が「倹にして固」でなかったことは、私にとっていちばん嬉しいことであり、幸いだったとも思います。もし、母がそうでなければ、私も学生のときにケチで固まっていたでしょう。ケチでなければ生きにくい時代でしたからね。しかし、いつでも母を思い出して、学生時代も機会があれば、友だちと御馳走《ごちそう》を一緒に食べたいと思う気がありました。

人付き合いを育む心――谷沢

私の父は兵庫県の田舎の貧農の三男で、それが大阪へ出てきたのですから、うちも本当に貧しかった。さすがに「訳のわからない居候」という人はいなかったけれども、昔ですから竈《かまど》の下の灰までも全部継いでいた長男が、大阪で何とかやっている弟――私の父――のところにたかりに来ました。そのとき、母はいやな顔をしないで、私に合図をする。

何の合図かというと、伯父が大好きだった蒸し鮨《ずし》一個の出前を注文にいけ、という合図でした。一家で一緒に食べるだけの余裕はないので、伯父だけに蒸し鮨一椀を出した。

また、帰るときには必ずみやげ物を渡していました。どんなにささやかな物でも、夫の兄がやってきたのですから、必ず調達しないといけない。ただし、伯父はみやげ物を持ってきたことはありません。それでいて、母が「これを」といって出すと、懐《ふところ》から風呂敷を出し、自分で包んでいました。みやげ物を包んで帰る風呂敷は用意してあるわけです。それを見たときの何ともいえない嫌悪感は、いまでも覚えています。

母は、そうして尽くすべきことは尽くしました。だから、私は若いときから酒呑みでしたが、友人と会うと、焼酎一杯でも二人で呑まないと気がおさまらないという気持ちになりました。

これはいまでも後悔していることだけれども、作家の島尾敏雄《しまおとしお》がいちばん苦労していた頃に、私のうちへ夕方来たことがありました。明らかに「一緒に呑もう」というつもりだった。ご本人はまったくお金がないのですから、私に出資させる気です。

しかし、そのときは私もお金がなく、母も留守だった。母がいたら借りることもできたのですが、資金調達の道がまったくないままに、しばらく雑談をしていたら、「これは駄目だ」と思ったのでしょう、そのまま帰っていきました。このことは一生の悔いとなって、心に残っています。

17 師

《穂積論語　述而第七――一八三》

子《シ》ノタマハク、君子《クンシ》ハ坦《タイラ》カニシテ蕩蕩《トウトウ》、小人《ショウジン》ハ長《トコシナ》ヘニ戚戚《セキセキ》。

孔子様がおつしやるやう、「君子は心が平静で様子がのびのびしてゐる。小人はいつでもコセコセビクビクしてゐる。」

《穂積論語　述而第七――一八四》

子《シ》温《オダヤカ》ニシテ厲《ハゲ》シク、威《イ》アリテ猛《タケ》カラズ、恭《キョウ》ニシテ安《ヤス》シ。

孔子様の感じを申さうならば、春風のあたたかさの中に秋風のきびしさを含み、威厳があつていかつからず、ていねいで樂樂してござる。

君子のイメージ――渡部

一八三、一八四ともに同じことで、両方とも君子のあり方、見た感じをいっています。私が育ったのは田舎《いなか》の村から出てきた人たちが住むような所で、大した文化もない環境でした。だから、知識人の家というものは知りませんでした。佐藤順太《さとうじゅんた》先生の家にいったとき、初めて知識人の家に来たと感じました。

佐藤先生は一度引退されて隠居所に住んでいたのを、戦後、英語の先生がいないので再登場された方です。そのおかげで私は先生と出会うことができ、先生の家に出入りするようになったわけですが、先生の家にいくのは春休みと夏休みと冬休みでした。いつも着物でゆったりとしておられ、煙草が好きで、碁《ご》がやたらと強い。しかも、明治の頃の高等師範ですから、高い教育を受けていて学問好きでした。さらには、出身が高級士族だったので、和書を入れた桐《きり》の箱が天井まで届くほど積み重なっており、英語の先生でもあったから、スタンダード大辞典やネルソンの百科事典などもありました。そういう読書家であると同時に、猟銃の権威で、猟犬の翻訳書も出され、戦前の三省堂の辞書では鉄砲の項目を担当されていました。

こういうような方にお会いしたときに、印象として「坦《タイ》カニシテ蕩蕩《トウトウ》」という感じを私は抱きました。

また、佐藤先生は非常に気性の激しい方だったそうで、若い頃から家に錠《じょう》をかけたことがなかったと聞いています。その理由を、「泥棒が家に入ったら、いつでも斬《き》り殺してやろうと楽しみにしていた」とおっしゃっていました。一応、目釘《めくぎ》は外してあったので、実際に使うつもりはなかったのかもしれませんが、床の間には刀が置いてあった。そして、先生の手は私の二倍ぐらい厚くて、そこに「武」を感じました。ですから、「温《オダヤカ》ニシテ厲《ハゲ》シク」という面も持っていたといえます。

そして、威厳はありましたけれども、好々爺《こうこうや》でしたから、「猛《タケ》カラズ」でもあった。われわれ若い学生が訪問しても、奥さんは武家の出身ですから当然礼儀正しいし、先生もきちんと対応してくれましたので、「恭ニシテ」も当てはまる。

しかも、四時間、五時間と長居しても、迷惑という感じはなく、楽しんでしゃべっているように見えました。

私にとっての君子のイメージは、『論語』の「君子ハ坦カニシテ蕩蕩」「温ニシテ厲シク、威アリテ猛カラズ、恭ニシテ安シ」と、プライベートに知り合うことができた佐藤先生によっています。

歳を取ったら佐藤先生のようになりたいというのが私の理想であり、君子のイメージと恩師と重ね合わせているものですから、懐《なつ》かしくてあげたわけです。

縁ある者に親切にする――谷沢

いまのお話を聞いていて、私の若いときの師匠であった藤本進治《ふじもとしんじ》先生を思い起こしました。佐藤順太《さとうじゅんた》先生は、市井《しせい》にあって、学を好み、後輩を愛し、近寄ってくる若者に胸襟《きょうきん》を開いて、心和《なご》やかに付き合い、温かく、親切であり、自らの好むところ、自らの学ぶところに安んじて、悠然としていらっしゃったというふうに感じたのですが、私の師匠も同じでした。

私の師匠は関西大学経済学部の出身で、独学で哲学を学んだ人です。マルクス主義哲学というものを自分の信条としていて、亡くなるまで筋金入りのマルクス主義者でした。亡くなったときには、資本論を哲学で解釈するという過去にだれもやったことがない「資本論の哲学」と題された数百枚の原稿が残っていました。これを書物という形にしておけば、いつかだれかが見てくれるかもしれない。そう考えて、残った弟子がいろいろと手を尽くし、出版社に本を作ってもらって買い上げ、全国の主要な大学や図書館に贈呈をしました。私は哲学が苦手ですので、内容についてはよくわかりませんが、藤本進治の遺著というものを後世、知ってくれるであろうという望みを託して、そういう手配をしたわけです。

この藤本先生には蔵書がほとんどありませんでした。誠に経済的に不如意《ふにょい》だったからです。前半生は家庭教師、後半生は予備校で講師――英語を教える達人だったので名物講師でした――をして生計を立てていた。だから書物を蓄《たくわ》えるという余裕がなかったのです。

では、どうやって研究の資料を得たのかというと、本を抜き書きしていたんです。これは私も真似しているアイデアですが。図書館や友人から借りた本を読んで、自分の必要とする個所をピックアップすると、使い古しの四百字詰め原稿用紙を半分に切って、その裏へ書き写すという方法です。

藤本先生のお宅へうかがうと、座っている背後に四百字詰め原稿用紙を半分に切ったメモが使い古しの封筒に入れられて、うずたかく積もっていました。これが藤本先生の知的財産であり、私に何かいうときは、そこからすっと出してきて、「田山花袋《たやまかたい》がこういっているよ」とおっしゃった。

私は幸いにして蔵書を蓄えることができましたが、しかし蔵書を蓄えながら「蔵書というものは絶対に必要なものではないのではないか」という思いが常にありました。藤本進治のような生き方もあるのだと考えていたわけです。

それから、藤本先生は学問が大好きで一所懸命だったのですが、がつがつしていなかった。早く仕事を仕上げて世に問うというような、いわゆる業界で「お急ぎの方」という人ではない。だから、こせこせした感じはなく、ゆったりとしていました。

また、私は思いあぐねることがあると、予告なしに「こんばんは」と訪ねていきました。しかし、長年の間、いっぺんたりとも、いやな顔をされたことがありません。私が辞去《じきょ》するまで、温顔で、ずっと私のいうことを聞き、懇々《こんこん》と教えてくれる。まさに「誨《オシ》ヘテ倦《ウ》マズ」（述而第七――一四九）でした。私は関西大学の学生でしたが、藤本先生にとっては一種の風来坊《ふうらいぼう》です。だから、丁寧《ていねい》に教えるといっても、学者が弟子の系列をつくって学閥《がくばつ》を築くためにやったわけではありません。ただ自分の所へ来る者は縁があり、縁のある者を親切に遇するというだけのことでした。

「藤本先生の時間を無駄遣いさせている」「浪費させている」という罪の意識を、私はずっと持っていたのですが、先生ご自身はそんな気配を絶対示しませんでした。そして、自分の生活スタイルというものに安住しているという、ゆとりが感じられました。それは物柔らかであり、決して頑なではないけれども、梃子《てこ》でも動かないという感じで、「私はこういうふうにして生きるんだ」と自分で自分を決めていたのでしょう。

私も若いときに藤本先生から大変な感化を受けました。だから、渡部さんと私は、この点ではとても似ているように思います。

学校以外で触れ合う師を持つ——渡部

私は谷沢さんと何度も対談しましたが、感心させられるのはメモの準備のよろしいことです。いつも見習わなければいけないと思っていますが、その原点は師匠である藤本先生にあったわけですね。お話をうかがっていると、「坦カニシテ蕩蕩」であるところ、安住感のあるところ、高校を卒業してから出入りしている先生があって、しかも自分の大学での先生ではないところなど、まったくよく似ていますね。

18

信頼

《宮崎論語　泰伯第八——一九三》
子曰《しいは》く、民《たみ》は之《これ》に由《よ》らしむべく、之《これ》を知《し》らしむべからず。

子曰く、大衆からは、その政治に對する信頼を贏《か》ちえることはできるが、そのひとりひとりに政治の内容を知って貰《もら》うことはむつかしい。

政治の根本は「計算」でなく「感情」である——谷沢

これを左翼は「民というものに政治の真実を教えない」ということだと解釈しましたが、まったくの曲解《きょっかい》です。「由らしむべく」「知らしむべからず」の「べし」は可能の「べし」です。だから、宮崎市定《みやざきいちさだ》は「大衆からは、その政治に對する信頼を贏ちえることはできるが、そのひとりひとりに政治の内容を知って貰うことはむつかしい」というふうに訳しているわけです。

これは古今東西を通じて、「政治」というものの眼目を指し示していると思います。政治というものはたくさんの利害・得失が錯綜《さくそう》し、絡《から》まっているわけですが、それが損得ではなしに感情で動く。つまり、政治の根本が「計算」でなく「感情」であるところが厄介なのです。皆が損得だけで考えてくれたら理解してもらうことは可能ですが、感情で人が動くものですから、少し遠い将来のためにダムを造るということに対する有効性、「結局、皆が得をする」ということをいかに説明しても、大衆にわかってもらうことは不可能であるわけです。これは古代、中世、近代、現代を問わず、一貫して同じであると、私は思います。

人間は近欲《ちかよく》——いちばん目の前の欲——に駆られるものなんですね。政治というものは、近欲とその反対である「遠欲《とおよく》」——時間が経ってからじわじわ効いてくるような政策——というものとの絡み合わせです。近欲を多少は満足させなければならないのと同時に、その中に遠い将来の効果というものの芽を埋め込んでおかなければならない。政治というのはそういう二元論で成り立ちます。

この二つの構造をすべての人にそのとおり理解させることは不可能であり、結局、孔子が考えたのは、政策を理解されることよりも「あの人のやることだから、間違いはなかろう」というような人格的信頼、あるいは「あの地位まで達した——海千山千といったら悪いけれども——非常に修練を積んだ熟練の政治家であるから、あの人のやることに間違いはなかろう」というふうに受ける信頼が大事だということです。この「政治とは信頼である」というのが、孔子の基本概念の一つです。

おそらく人類が続く限り、「政治は信頼なり」というテーゼは崩れないだろうと、私は思います。これはたいへんな理想形態なんです。

現代日本の政治は「知らしむべからず」ですが、それは知らしむに足るだけの政策がないからそうなのであって——ないものは理由を説得することができません——孔子のいっている理想とは質的に異なっています。

それから、信頼を獲得しようと思っている政治家も、いまの日本では絶無です。「信頼」という言葉をすべての政治家が忘れていて、国民におもねっています。「時代の空気」に合わせればいいと、政治家は思っているようですね。具体的な名前をあげるならば、竹下《たけした》登《のぼる》まではどこかに自分がやるべき政策について——それを口外するとしないとにかかわらず——腹中に一つのプランを持っていたと思います。

それ以後、そういう政治家が後を絶って、ただただ大衆におもねることだけに腐心《ふしん》しています。

「信頼」が崩れたとき、政治は成り立たなくなる――渡部

この文章に対する宮崎市定の解釈、それから谷沢さんの解義《かいぎ》は実にすばらしいと思います。ここは昔から評判の悪いところで、愚民《ぐみん》政策だといわれたものです。

いま、谷沢さんがおっしゃったように、政治というのは複雑なものであり、いちいち説明しきれないし、たとえ説明したところでわかってもらえない。だから、信頼感でいかなければいけないととらえるならば、孔子の説いた政治像がよく理解できます。

宮崎・谷沢説を聞きながらわかったのは、「信頼が崩れるとはどういうことか」ということです。そのいい例が幕末の開港政策で、幕府はジョン万次郎《まんじろう》などの報告によって、アメリカが占領しに来たのではないということを知っていた。だから、攘夷《じょうい》などしなくてもいいのですが、「すぐ打ち払え」などという水戸の徳川斉昭《とくがわなりあき》のような人間もいて、それは難しい。つまり、説明しても、皆を納得させることはできない状況だったわけです。

その一方で、開国してしまった幕府に対する国民の印象は、「徳川幕府は武で立ったのに武を使えない」「弱虫だ」というものでした。そうすると政治が成り立たなくなるのです。事実、徳川幕府は多くの人の努力もむなしく崩壊したのですが、それは理由がどうであれ、信頼という基本が崩れたせいです。民が説明されて納得するということまではなか

なかいかないけれども、納得しないことで政治が成り立たなくなるのではない。政治に対する信頼感が崩れたら終わりなんですね。

戦後の政治家でいうと、吉田茂《よしだしげる》は「俺を除いて、だれが占領下でぺこぺこしないでやれるのか」という態度でした。実際、占領軍司令官のマッカーサーと会っている姿が卑屈ではないから、日本の恥になることはあまりしないのではないかというような感じがしました。これは一種の信頼感があったということです。

ところが、最近の政治は、いろいろな理由があるとは思いますが、国民にとって「由《よ》ること」ができないものになっています。たとえば、鳩山新党が出てきましたが、これは「まだアジアに対してお詫《わ》びが済んでない」といっている。政治家がこんな卑屈な態度をとるようでは、国民が信頼できないのは当然のことです。

「空気」におもねる日本の政治家——谷沢

平成八年九月十七日の「産経抄」で、鳩山新党の「日本はアジアの人々に対して明瞭な責任を果たさずにきている」という歴史認識について、鋭い反論がなされています。

要旨を紹介すると、まず、戦犯裁判という断罪によって、B級C級の人々だけで一千六十一人が処刑されている。また、ビルマ、フィリピン、インドネシアなどの十二カ国に総額十九億ドル、当時のレートで換算すれば五千四百億円の賠償金を払ってもいる。昭和三十年の国家予算は九千九百億円であり、この賠償金は軽い額ではない。日本国民は空《す》きっ腹を抱えながら、それを払った。鳩山由紀夫《はとやまゆきお》や菅直人《かんなおと》はこれらのことを知らないか、知らない振りをしている。そして、時流に迎合し、新しい党を立てるのは政治家として無責任ではないか。こういう内容なのですが、これは「産経抄」における名作の一つだと思います。

ここで私がいいたいのは、外国、ことにアジア諸国に謝ることが、いまの日本の「空気」だということです。「空気」とは山本七平《やまもとしちへい》が使った概念ですが、これは肯定的概念ではなく、否定的概念です。つまり、「悪いこと」なんです。しかし、いまの政治家はその「空気」に屈伏し、その「空気」を再生産し、それを繰り返すことをもって、政治だと思っている。そこを「産経抄」は突いています。

渡部さんが「由る」という言葉をおっしゃったのが象徴的ですが、そもそも政治の原理は「依託《いたく》」です。一億二千万余の人口があるところで、一億二千万通りの政治をすることはできないのですから、だれかに依託《いたく》するしかない。そうすると、最後は「自分に任せてくれ。自分ならきちんとやってみせる」ということを、口外しないまでも、態度で示せる人間が政治家なのです。

吉田茂は「戦後のことは私にお任せください」というようなちゃらちゃらしたことはい

わなかったけれども、全身から「俺に任せてくれ」という雰囲気が出ていた。これは長い政権の間、出ていました。そして、日本人はそれを肌身で感じていたと思います。

邪悪な光に頼って出てきた二世議員たち――渡部

これは脱線に近い話になりますが、二世議員のうちでも親が駄目だったところは子供も駄目という感じがします。たとえば、鳩山家にしても、鳩山由紀夫のおじいさんの鳩山一郎《はとやまいちろう》は日本を亡国へ導く政治的引き金となった「統帥権干犯《とうすいけんかんぱん》問題」を議会の問題にした元凶でした。その孫が同じことをやるのではないか、という感じがしてなりません。

また、近衛文麿《このえふみまろ》は坊ちゃん左翼で、朝日新聞記者の尾崎秀実《おざきほつみ》――のちにゾルゲ事件で死刑になった、本物のスパイですが――を側近にしたりもした。その近衛はシナ事変を収めることができなかった。それは「シナ事変をやっていれば、社会改革できる」という意見に流されたからです。確かに事変中はどさくさにまぎれて何でもできますので、彼の判断が間違っているとはいえないけれども、その結果、日本は道を誤ってしまった。そして、孫の細川護熙《ほそかわもりひろ》が首相になった途端、「日本は侵略戦争をやった」といいました。東京裁判をやったマッカーサーが取り消したことを――無知のために知らなかったのでしょう――再び認めたわけです。

それから、元外務大臣の河野洋平《こうのようへい》の父である河野一郎《こうのいちろう》は、鳩山一郎と一緒にソ連へいき、「聞いてくれ。これを聞いてくれないと、国内問題がどうにもならない」と頼んで恥をかいたという文書が、ロシアから出て産経新聞に載りましたが、あれで北方四島が日本に還らなくなってしまった。その息子の河野洋平は、いわゆる従軍慰安婦問題で、政府調査書にないことをいって謝りました。

どうも、血筋は争えないのではないかと思わざるを得ません。河野洋平も、鳩山由紀夫も、細川護熙も、皆、「血筋がいい」ということで出てきたのですが、そのいい血筋の祖父、父が日本国に対して非常に悪いことをやっている。国内の政策はいろいろな意見がありますので構いませんが、国益としてまとまるべき対外関係で非常な悪をなしたのです。この根性が引き継がれているのではないかという気がします。

二世、三世議員たちが成功したのは、親の光、お祖父さんの光のおかげです。その光は、日本国にとって非常に邪悪な光でした。そこで「お祖父さんは政策で間違ったけれども、私はやりません」というようなことをいってくれたら、まだ信頼できるけれども、邪悪な光だけに頼っていますね。

また、祖父や父がやった悪い外交政策をたまたま国民に知られずに、有名な名前だけが残って名門という意識が生まれています。そういう名門の出身者に、私は「由る」ことができません。
時事評論めいていますが、この話は付け加えておきたいと思います。

19 志

〈穂積論語　泰伯第八――一九七〉
子《シ》ノタマハク、篤《アツ》ク信《シン》ジテ學《ガク》ヲ好《コノ》ミ、死《シ》ヲ守《マモ》リテ道《ミチ》ヲ善《ヨ》クス。危邦《キホウ》ニハ入《イ》ラズ、亂《ラン》邦《ポウ》ニハ居《オ》ラズ、天下《テンカ》道《ミチ》有《ア》レバスナハチ見《アラ》ハレ、道《ミチ》無《ナ》ケレバスナハチ隱《カク》ル。邦道《クニミチ》有《ア》リテ貧《マズ》シク且賤《カツイヤ》シキハ恥《ハジ》ナリ。邦道《クニミチ》無《ナ》クシテ富《ト》ミ且貴《カツトウト》キハ恥《ハジ》ナリ。

孔子様がおつしやるやう、「道を信ずること固く、學を好んで道を求め、學び得たる正しき道は命にかけても守り通さねばならぬ。これが人の身の立て方である。亂れんとするきざしのある國には入らず、既に亂れたる國には居らず。天下に道義が行はれてゐる場合には出でて働き、天下に道義が行はれぬ場合には隱れて出でぬ。これが人の世の處し方である。したがつて道有る國にありながら用ひられずして貧賤なのは恥づべく、又道無き國に用ひられて富貴なのも恥である。」

志を売らずに生きて栄えを得た人――渡部

この一条の後半は、非常に高級なことをいっています。これにコメントするのは気恥ずかしいところがあるのですが、連想したことがあったので、それを述べてみたいと思います。

それは、戦後の文筆家のことです。日本がアメリカに占領されて言論の自由がない時期があり、占領が終わってからもその惰性《だせい》が長く続きました。そのとき、教科書を書き、言論で「富ミ且貴ク」なった人は恥だと思うのです。

日本はこのことに対して寛容でしたが、フランスなどは非常に厳しい。戦争中、ナチス・ドイツに迎合したコラブラトゥール――協力者――を、戦後になってかなり殺しています。たとえば、ナチスの将校と付き合った女優を坊主にしてパリの町中を引き回したというようなこともあった。なかには行き過ぎているものも目につきますが、評論家の福田和也《ふくだかずや》によると、やり過ぎていてもフランス人は気にしないそうです。

それに比べて、教科書裁判の家永三郎《いえながさぶろう》は、日本の歴史のいいところを言ってはいけないという道なき時代の占領政策にゴマをすって、富みかつ栄えた人です。しかも、教科書を書くことは学者としてのアルバイトではなく、勲章の一つと見なされたし、そういう立場になると大新聞にも書かせてもらえるから、富と名誉が一緒だった。とりわけ経済学者や社会学者はそれで富を得て、道なき時代の栄える道を歩みました。

しかし、その流れに乗らなかった人もいるんですね。たとえば、保田與重郎《やすだよじゅうろう》がそうです。戦前は花形作家だった人が、戦後、悪あがきをせず、「祖国」というだれも読まないような同人雑誌にだけ書いていた。

そのうちにベルリンの壁も崩れ、ソ連体制の馬脚《ばきゃく》があらわれて、日本のいい面を言っても恥ずかしくないという時代になった。世の中に道があるようになってきたわけですが、すると保田與重郎の四十巻ぐらいの全集を出してくれるところが出てきた。

全集が出るというのは、ある意味で栄えといっていいでしょう。保田は志《こころざし》を売らずに生きて、復活を遂げることができたのです。

この一条の後半を読みなおしたときに、保田與重郎を思い出したので、ここにあげたわけです。

五十年を耐えて生き抜いた人への尊敬――谷沢

ビシー政府でナチスの占領に協力した連中を、戦後のフランスは行き過ぎと思えるぐらいに殺戮《さつりく》しました。作家、評論家は生き埋めにされたり、自殺、それからリンチにあって殺されたケースもありました。それをやらなかった日本というのは、これまた日本流であって、福田和也がいうようなフランスの残虐なやり方を日本でやるべきであったかどうかについて、私はむしろ否定的です。日本人の寛容さというものを、それなりに評価すべきでしょう。

しかし、寛容にも限度があって、おっしゃるように日本の文筆家、研究者のあり方は寛容の限度を超しています。

ご指摘になった教科書の問題ですが、家永三郎の場合は進駐軍が去ってからおおっぴらに始めています。進駐軍は形式上去ったけれども、日本の国力を弱め、日本の過去を暗く、惨《みじ》めなものにするという進駐軍のイデオロギー支配は続くと、家永は読んだのでしょうね。その点は天才的です。そして、それに便乗することで論壇で生き長らえようとする人たちが次々に出てきた。

ことに教科書執筆については、道を見失った人々がうごめいていました。松本清張《まつもとせいちょう》がそれを小説に書いたのが『カルネアデスの舟板』（全集第36巻、文藝春秋）です。

この小説の内容を簡単にいうと、戦争中の右翼学者だった男が、戦後は左翼でいったほうがいいと考え、論文をだんだん左翼調に転換していく。そうして紛れもなく左翼になったと金箔《きんぱく》を押してもらって、今度は教科書を執筆して儲けている弟子に、「自分も一口のらせてくれないか」と持ち込む。右翼学者が左翼に転換した動機は、その弟子の家には日本史に必要な本がずらりと並んでいて、それが教科書を書いた収入で買ったとわかったことです。つまり、「自分もそれが欲しい」ということで転換したのです。

松本清張が暴《あば》いたように、実は、教科書というのは一つの利権でした。教科書の周辺には参考書というものがあります。教科書を編纂《へんさん》した者には、参考書の執筆依頼が来ますから、その印税も入ってきて富を築くことに一役買うのです。なかには、自分の弟子に原稿を書かせ、自分の名前で出す人もいました。著者が自分なのですから、印税は全部取ってしまうのですが、その代わりに弟子を駅弁大学の助教授に推薦するんです。

そういう風潮が蔓延《まんえん》する中で、保田與重郎は悪あがきをしませんでしたね。もういっぺん、世に打って出ようとか、復活しようという手練手管《てれんてくだ》は一切使わなかった。ミニコミのような雑誌にこつこつと書き続けていた。

ただ一言付け加えると、保田與重郎が評価されるのに五十年かかっています。五十年というのは人の一生にとって致命的に長い。それに耐える力を保田は持っていたわけで、五十年を耐えて生き抜いた人に対する尊敬の念を忘れたらいけませんね。

怪しげな道にわざわざ入らない生き方――渡部

保田與重郎は「篤ク信ジテ學ヲ好ミ」であり、「道ヲ善クス」ということなんでしょうね。この場合、「危邦ニハ入ラズ、亂邦ニハ居ラズ」における「危邦」を共産主義国といってもいいでしょう。つまり、共産主義国には味方をしないということです。「亂邦ニハ居ラズ」というのも、そこの国にいくという意味より、比喩《ひゆ》的に取って、そういう怪しげなろくでもない道にわざわざ入ることはあえてしないと考えていいと思います。

保田は「危邦ニハ入ラズ、亂邦ニハ居ラズ」で、自分の信じる道を守って五十年を生きた。そこまで待つことができる人というのは、われわれの心に留めるべきでしょう。また、他にもそういう人がいるでしょうから、これから検証すべきですね。

孔子はこの一文をもっと具体的に、つまり命にかかわるようなことをいったと思うのですが、物書きとして心がけるべきことをここから読み取る必要があると思います。

20 融通

《宮崎論語　子罕第九――二〇九》
子《し》、四《し》を絶《た》つ。意《い》するなく、必《ひつ》するなく、固《こ》なるなく、我《が》なるなし。
孔子は四つの勿《なか》れを守った。意地にならぬ、執念しない、固くなにならぬ、我を張らぬ。

「四つの勿れ」の戒め――谷沢

いうまでもないことですが、「四つの勿れ」とは同じことをいろいろと言い換えているだけで、いっているのは一つのことです。

人間は自分自身の独自の判断力というものを持たなければならない。ただし、その判断力に対して、いつでも事実に照らして修正を加えるという融通《ゆうずう》の利く心構えを失っていてはいけない。あるいは「多少ともそれを変化させ、さらに充実させる方向に持っていける」というゆとりを心の中に持つべきである。絶えず自分をリフォームする意欲とゆとりですね。「四つの勿れ」とはそのための戒めです。

「思い込んだら命懸け」というのは、世の中でいちばん困る態度です。

「上善は水の如し」に通じる精神――渡部

これは「君子《クンシ》ハ器《キ》ナラズ」（爲政第二――一二八）に通じ、「上善《じょうぜん》は水《みず》の如《ごと》し」にも通ずるところがあると思います。要するに、頭が固まってしまわないということを意識しての言葉でしょう。

「過《あやま》ちては改《あらた》むるに憚《はば》かること勿《なか》れ」（學而第一――八）、「君子ハ器ナラズ」という『論語』の他のコンテクスト（文脈）と読み合わせればわかるように、ここでいうところの「融通無碍《むげ》」はプリンシプルがないという意味ではありません。独善がなく、先入観がなく、我を張るところがなく、がりがりするところがない。そういう意味ですね。

21 時間

《穂積論語　子罕第九――二二一》

子《シ》、川《カワ》ノ上《ホトリ》ニ在《ア》リテノタマハク、逝《ユ》クモノハ斯《カ》クノ如《ゴト》キカナ、晝夜《チユウヤ》ヲ舎《オ》カズ。

孔子様が川ばたにたたずんで歎息されるやう、「人間萬事過ぎ去つて歸らぬこと、川水の晝となく夜となく流れてやまぬやうぢやなう。」

時間には二つの種類がある――渡部

これは解釈が二つあるようです。第一に、あるとき孔子が川の側にいて、「ああ、時間がこのように休むことなく去るもんだな」と嘆息した、というものです。そこには「我も老いたなあ」という感慨があるという解釈です。それから、水が流れるように、休まずに努めるべきだという解釈もあります。

われわれは戦争中に、「『晝夜ヲ舍カズ』勉強しろ」といわれたものですが、『論語』というのは、谷沢さんが本書の冒頭でおっしゃったように、読者を説得しようというケチな本ではありませんから、ここは孔子のありのままの言葉、つまり水の流れを見て嘆息したという意味だと思います。

この点に関しては、吉川幸次郎《よしかわこうじろう》の優れた指摘があります。それは『万葉集』研究で有名な契沖《けいちゅう》の『万葉代匠記《まんようだいしょうき》』にある歌の解釈と、この一条が似ているというものです。その歌は「物乃部能　八十氏河乃　阿白木爾　不知代經浪乃　去邊知不母」（もののふの　やそうちかはの　あしろきに　いさよふなみの　ゆくへしらずも）で、「物乃部能《もののふの》」は枕詞《まくらことば》で「八十氏河」（八十宇治川）にかかります。意味としては、「宇治川に阿白木爾（網代木《あじろぎ》）が立っていて、そこに水がたゆたうけれども、また行方知らずに流れていく。時間も少し止まっていて、自分が生きている時間もまた行方知らずだ」。こういう感じですから、たしかに「子罕《しかん》第九――二二一」と似ています。

私は、ここで伝えられるイメージが孔子の実像だったのではないかと思います。アレキシス・カレルの『人間この未知なるもの』（三笠書房）の中で、時間には二種類あるということを読んで、その思いをいよいよ強くしました。二種類の時間の一つは物理的な時間のことで、天体を運行規則にして計る時間です。もう一つは、人間が自分の体の中に持っている時間のことです。これは物理的な時間と違うと、カレルはいいます。

カレルは二つの時間の違いを、比喩《ひゆ》としてこんなふうにいっています。同じ速さで流れる川があったとする。これが物理的な時間と思えばいい。同じ速さで流れる川の側を、朝早く起きた人が歩くと、朝は元気に満ちて疲れていないから、川の流れが遅く見える。ところが、夕方まで歩き続け、くたびれてくると、水の流れが速く思われる。水の流れる速さは同じなのにです。それと似て人間も歳を取って物理的時間が速く感ずるのは、体内時間は衰えてきている証拠なのだと、カレルはいいます。

確かに、子供の頃は正月が待ち遠しくてしょうがなくて、いつまでたっても一年が終わらないように感じたことがありました。また、若いときに川の流れを見てもあまり感慨が湧いてこないものだったように思います。

物理的な時間が速く感じるようになったとき、孔子は川の流れを見て、「晝夜ヲ舍カズ」に流れるんだと、直観的にその心境に達したのでしょう。昼夜をおかず時間が流れて、人は老いる。否応なしに老いていく人間というものを見つめた孔子の姿が目に浮かんできます。

時間に負けないための智恵――谷沢

言を要しない前提として、「世の中は固定したものではない」ということがあります。川をたとえにとるならば、川の流れのある瞬間をとって、「これが川だ」とはいえません。川には水が緩《ゆる》やかに流れている所もあれば、急流もあります。その全部が川です。ある人はその緩やかな所、あるいは淵《ふち》で水が溜まっている所を見て川の姿であると考え、「川とはこういうものだ」という結論に達する。またある人は、保津川《ほづがわ》下りで見るような岩に飛沫《ひまつ》がかかっている急流を見て、「川とはこういうものだ」と考える。どちらも間違いであるわけです。水は一定の形にあるのではなく、さまざまな姿を持っている。そして、それが川という流れの中で変化していく。

世の中にも時間という流れがあります。そして、われわれのものの考え方というのは、「変化」という絶対的な時間の流れの事実に耐えることのできるものでなければなりません。時間の流れというものと、どこかで食い違う考え方はおかしいのです。それが孔子の前提にあると思います。

たとえば、イデオロギーは時間の流れと食い違いが出てくる考え方です。なぜなら、ある時期をとってすべてを律するからです。共産主義にしても、資本主義が終わって革命が起こるまでは水が流れているのですが、革命が成功した瞬間に、水が流れなくなる。あとは大蛇《おろち》が住んでいる池のような淵です。

「時間の流れ」というものは、あらゆる思想、あらゆる論理に対する強烈な敵だと思います。これと格闘して、これに適応できる論理というものが、真実ではないでしょうか。

それから、なぜ、若いときに川の流れが緩やかに見えるかということですが、欲に急《せ》かされていない面があるからだろうと思います。たとえば、「今年中に自分は何々の仕事を仕上げなければならない」というような、切羽詰まった要請がない。せいぜいのところ、勉強すればいいわけです。ところが、中年を越えますと、人生の課題をいろいろと背負いこむ。それは一身上のこともあるでしょうし、仕事のうえでのこともある。とにかくあらゆる課題を背負いこみます。その課題の重さというものを背負って、川の流れを時間にたとえて見れば、「自分が課題を解決できない」「うまくやっていけない」「その間に世の中がどんどん進んでしまう」と考えてしまいがちです。そのために「ああ、自分は時間に負ける」という苛立《いらだ》ちが出てきます。

特に、欲するところのある人、望むところのある人ほど、歳を取るほどに苛立ちが増えます。その苛立ちにあぶられて右往左往せずに、自分を見失わないで生きるためにどうするか。それは選択肢の問題です。「あれもこれもしなければならないが、その中でまずはこれをやる」と、直近の自分の問題は何かを判断し、そこに気持ちを安んずる覚悟を決めるのです。しかし、人間は時間に負けるんです。寿命がありますから。

時間に負けないものは何か——渡部

シェークスピアのソネットのテーマにも「時間はすべてを食いつくす」というフレーズがあります。では、時間に負けないものは何か。シェークスピアはソネット十八番などで、「私の書いたもの、これは時間に負けない。彫刻崩れるべし、描いた絵破れるべし、黄銅も錆《さ》びるべし。紙に書いた文字、これは永遠に消えることなかるべし」という趣旨のことを、繰り返し繰り返しいっている。これはさきほど、谷沢さんが藤本先生の遺著を残した考えとも合います。

時間というすべてを食いつくすものに耐え、朽ちないものは書いたものであり、何かを書き残せるというのは人間と動物のいちばんの差です。『論語』自体からして、文字に書かれたことで時間に食われずに残ったわけです。

22 熟成

《宮崎論語　子罕第九――二二六》
子《し》曰《いは》く、苗《なえ》にして秀《ひ》いでざるものあるかな。秀《ひ》いでて實《みの》らざるものあるかな。

子曰く、芽を出して生長しても、穂《ほ》を出さぬことがある。穂を出したと思っても、實《み》の熟さぬことがある。

《穂積論語　子罕第九――二二六》
子《シ》ノタマハク、苗《ナエ》ニシテ秀《ヒイ》デザル者《モノ》有《ア》ルカナ、秀《ヒイ》デテ實《みの》ラザル者《モノ》有《ア》ルカナ。

孔子様がおつしやるやう、「苗のうちはよささうだつたが、それきりで花の咲かぬ者もあることかな、花は咲いたが實のならない者もあることかな。」

人生の芽、穂、実の三段階で評価する——谷沢

これは、いま、私がいちばん取り上げたいものの一つです。というのは、現在の国家公務員採用I種試験に対する痛烈なる批判と取ることができるからです。あの試験は大学卒業前後で受けるのですから、だいたい二十二、二十三歳ぐらいが受験年齢です。そのときの結果で人生のコースが決まる。これは、ある一瞬において、たまたま人よりも芽が何ミリか上であったという判断で、人の一生をすべて決定しようという試験です。だから、そこには人間の成長というものに対する認識の根本的かつ完全な欠落があるといわざるを得ません。

現代日本のどんな企業であっても、入社試験ですべてが決まるということはありません。たとえば、トヨタ自動車が百人の新入社員を採ったとしましょう。面接でそのうちの十人だけを「君はエリートだ。君たちだけはどんどん出世しろ」と決め、あとの九十人は「君たちは消耗品だ」という決定をすることはない。まず、百人を同じように社内に蒔《ま》く。そして、五年目、七年目の人事異動までの間にじっくりと、その人の性格、可能性を見極める。つまり、芽が穂を出したかどうかを見るわけです。

「どこそこの大学を出た」というのは芽です。芽が必ず穂を出すとは限らない。だから、

第一次人事異動までの間に、穂が出たかどうかを判断し、穂の出た人を幹線へ入れ、穂の出なかった人を支線へ放り込む。そして、穂が出ても実が熟さないということもあるわけですから、次に第二次人事異動をやって、実が熟したかどうかを査定し、人材を選り分ける。

これは日本で、だれもが疑わない常識として行われている人事です。その中で違うのが、あえて二ついうならば、国家公務員のエリートと大学教授です。この両者はよく似ています。

われわれも大学の中で助手からあがってきたから、自分たちのことをいうことになりますが、私が助手になったのは二十八歳でした。その時点において、芽が出ているかどうかを認定されたわけです。しかし、それ以後、いっぺんも勤務評定されたことがありません。

助手になるときは、こんなふうでした。ある日、教授が私を呼びつけて、「ときに、君の身分のことだがね……履歴書と研究業績目録を、明後日までに提出して欲しい」といいました。そのとき、「君を助手にするためだ」といわずに、「君の身分についてのことだがね」というあたりがいやらしいところです。専任講師になるときも、助教授になるときも、教授になるときもそうです。しかも、これは全部、形式的なことであり、実質的な査定はありません。

とにかく若いときのある時点で決まってしまうから、その後がどうなったかは関係なく、教授になります。渡部さんの同僚たちの中にも、「その時点で語学ができたが、以後、ゼロ成長」という人がおそらくいるでしょうね。

やはり人生の芽、穂、実というそれぞれの段階で評価をする必要があるでしょう。少なくとも、段階的に三回は評価すべきです。

駄目なら三年でクビを切るアメリカの大学――渡部

大学は何年勤めたかで助教授になり、教授になるわけですが、だいたい相場があります。私の所は四年専任講師、七年助教授といわれています。ただ、私のときは学科長の先生が忘れていたそうで、助教授から教授になるのに八年かかりました。近頃は図々しくて「まだですか」といってくるようですが、当時はこちらから言い出すわけにいかなかった。それでも誤差は一年ぐらいです。

何だかんだといわれながら、アメリカの大学が活力あるのは、しょっちゅう査定が行なわれているからでしょう。アメリカで学科長の経験がある広中平祐《ひろなかへいすけ》さんによれば、いい論文を書いた学者がいると、すぐに呼ぶのだそうです。そして、三年見て駄目だったら、クビを切る。駄目だったら簡単にクビを切れるから、アメリカの人事は活力があるといっていました。

逆に見れば、残酷な制度です。しかし、国全体として見れば、アメリカの大学制度のレベルが低いとは、だれもいいません。世界でいちばんよく機能していると思われます。

血で血を洗う競争の生産性――谷沢

アメリカの大学制度でただ一つの欠点は、学問のための学問が多いことです。私も山片蟠桃《やまがたばんとう》賞の審査でアメリカの学問を多少覗《のぞ》きましたが、日本学でも世阿弥《ぜあみ》や芭蕉《ばしょう》というようなメジャーな分野ではなく、世阿弥の甥《おい》の金春禅竹《こんぱるぜんちく》というような、だれも研究していないところをテーマとする傾向があります。

もっとも、あらゆる制度には必ず弊害があるわけですから、それは仕方のないことでしょう。渡部さんのおっしゃっている血で血を洗う競争に耐えた立派な研究というものは、生産率でアメリカはいちばんです。

ちなみに、チャイナの科挙《かきょ》制度は孔子のこの言葉に反しています。結局、儒教の中でいちばん根幹の部分は放ったらかして、形式だけ取ったものといえるでしょう。

早熟を讃《たた》えるのはいかがなものか――渡部

アメリカの大学制度の審査というのは、別の意味での形式主義になっているケースもあ

ります ね。たとえば、論文の数で数えるとなると、質より量になり、誰もやっていないがゆえに書きやすい分野をほじくる論文が出てきます。

「苗のうちはよさそうだったが、それきりで花の咲かぬ者」ということでは、粕谷《かすや》一希《かずき》が『二十歳にして心朽ちたり』（新潮社）で取り上げた遠藤麟太朗《えんどうりんたろう》は芽が出たけれども花も咲かず、実もできなかった典型的なタイプですね。それを英雄視する人のメンタリティーが不思議です。『論語』を読んでいないのかもしれませんが……。

当時の一高の人たちは、芽としては非常に早く出た。その芽がどうなるかはわからなかったけれども、他の人がまだ芽を出してない頃、「芽を出したぞ」という歓喜の声をあげた。それはそれで掬《きく》すべきものだけど、「その芽は特別なものだ」という意識で書かれているのはいかがなものかという気がします。

早熟児を讃えるという精神はいけませんね。孔子にしても、それはどんなものかと疑問を呈して、「苗ニシテ秀デザル者有ルカナ、秀デテ實ラザル者有ルカナ」といったわけです。

若いときの印象が強すぎることで起こる錯覚――谷沢

遠藤麟太朗は、旧制一高の同人雑誌で、きらきら光っていたというだけの男です。

作家の吉行淳之介《よしゆきじゅんのすけ》も遠藤麟太朗の同期生でしたが、一高の同期生はみんな遠藤にイカレたんです。若いときの同期生の一人があまりにブリリアントで、その魅力にイカレてしまうと、十年や二十年はその印象が続き、それを伝説化してしまうんです。そして、仲間が顔を合わせると、「遠藤麟太朗はいまどうしてる?」という声が起こる。そういう空気を利用して、英雄像を描いたのがあの本なんです。要するに、青春讃歌のできそこないです。

23 若さ

《宮崎論語　子罕第九――二二七》

子《し》曰《いは》く、後生《こうせい》畏《おそ》るべし。焉《いづく》んぞ來者《らいしゃ》の今《いま》に如《し》かざるを知《し》らんや。四十五十《しじゅうごじゅう》にして聞《き》こゆるなきは、斯《こ》れ亦《ま》た畏《おそ》るるに足《た》らざるなり。

子曰く、若い學徒に大きな期待をもつべきだ。どうして後輩がいつまでも先輩に及ばないでいるものか。併《しか》し四十歳、五十歳になって芽のふかぬ者には、もう期待するのは無理だろう。

《穂積論語　子罕第九――二二七》

子《シ》ノタマハク、後生畏《コウセイオソ》ルベシ。イヅクンゾ來者《ライシャ》ノ今《イマ》ニ如《シ》カザルヲ知《シ》ランヤ。四十五《シジユウゴジ》十《ユウ》ニシテ聞《キ》コユル無《ナ》クンバ、コレ亦畏《マタオソ》ルルニ足《タ》ラザルノミ。

孔子様がおつしやるやう、「若い者はおそろしい。明日の後進が今日の先輩に及ばぬとどうして言ひ切れようぞ。しかし四十歳五十歳にもなつて善行有能の名が聞えぬやうでは、おそるるに足らない。」

「畏友」の正しい使い方――谷沢

「後生畏るべし」という言葉の「後生」を「後世」と書く間違いが多いですね。本当は、「後に生まれてきた若い者を畏るべし」という意味です。

この「後生畏るべし」から、自分より若い友人を指していう「畏友《いゆう》」という言葉が出ています。

この「畏友」もよく間違って使われています。たとえば、渡部さんは私より一つ歳が下だけれども、ほぼ同年輩といっていい。そこで私が渡部さんを「畏友」といったらどうか。これは失礼になります。

「畏友」とは歳がある程度若い人に対して使う言葉なのです。では、どのくらい歳が離れていればいいかというと、特に基準があるわけではないのですが、二つや三つ下の方を「畏友」といってはいけないでしょう。やはり十歳ぐらいの違いがあったほうがいいと思います。

さて、本題に入りますが、「後生畏るべし」とはこういうことだと思います。私を例にとると、私より若い世代というのは、仮に十歳違えば、私よりも十年分新しい時代に成長期を過ごし、現在を考えると、十年早く、つまり十年若い感覚でいまの時代を呼吸している。その人の呼吸している「いまの時代」というものを、私が同じ歳で、つまり十年前に呼吸することは不可能でした。

これは絶対にくつがえせない事実です。したがって、五十歳なら五十歳という年齢で見ると、若い人は常に私よりも新しい時代の呼吸をしているといえる。その結果、十年上の私に比べて、より柔軟で応用性のあるものの考え方ができる。そういう若い人に注目しなければならないのです。

しかし、若い分だけ、至らぬところ、欠けているところ、偏《かたよ》っているところはいっぱいある。たいていの人は自分より若い人に対して、その至らぬところばかりに目を向けて、批判しがちです。

それは間違いである、と孔子はいっているのです。若い人の持っているいちばんのきらきらしたところをいち早く発見し、その輝いているものに対して、年上の自分は敬虔《けいけん》な態度で接し、十分に吸収すべきなのです。

四十代で世に聞こえない人が大きな仕事をするのは難しい——渡部

「後生畏るべし」という言葉で思い出したことがあります。それは谷本富《たにもととめり》という京都大学の先生の話で、この人はたいへん傲慢《ごうまん》だったらしいが、その当時は尊敬されていたようです。佐藤順太《さとうじゅんた》先生が学生の頃、谷本富の書いた物を読んだら、ある西洋の哲学者をさして「こういう人が出てくるのだから、後生畏るべしというのは孔子も愚ならず」と書いていたそうです。佐藤先生もさすがにこの人は傲慢な人だと思っていたら、そのうちに乃木大将の切腹をめちゃくちゃに叩いて、結局、京大から追われた。それにしても「後生畏るべしとは孔子も愚ならず」というのは、すさまじく思い上がったセリフですね。

さて、この一条の後半ですが、「四十五十ニシテ聞コユル無クンバ、コレ亦畏ルルニ足ラザルノミ」というのは痛烈な言葉です。世阿弥《ぜあみ》の『風姿花伝《ふうしかでん》』でも、四十にして駄目なら、四十以後は下がるばかりだと、はっきりいっていますね。

いま、平均寿命が延びたといっても、精神的な面を含めて仕事ができる寿命が延びたという意味ではなくて、伝染病がなくなったり、老人性結核がペニシリンのおかげでなくなったために延びている面が大きい。やはり四十歳ぐらいまでにまともな仕事をできなかった人間が、そのあとで大きな仕事をするということは、現在でも難しいでしょう。

私の若い頃の日記を見ますと、カントが『純粋理性批判』を書いたのが六十歳に近い頃で、ダーウィンの『種の起源』がやはり歳を取ってからのものであり、偉い人は若いときにこつこつと勉強して歳を取ってから大きな仕事をしている、などと書いています。これは私の若いときの無知のせいであって、カントの伝記やダーウィンの伝記を読むと、若いときからきちんと論文を出し続けていることがわかります。だからこそ、膨大な冊数のカント全集が成り立つわけだし、ダーウィンだって、すでに『ビーグル号航海記』の前から絶えず論文を発表している。若い頃からすでに発表するだけの内容を持っていたのです。

人間というのは、若い頃から人の前に出て叩かれたりしているうちに、だんだん大きな仕事へと向かっていくものだと思います。もちろん、叩かれて伸びない人もいますが、常に出し続けることでだんだんと磨かれて、歳を取ったときにどんと大きな仕事をなし得るんですね。

若いころからこつこつと積み重ねることが大切である――谷沢

谷本富についてですが、京大を追われる前から著作はありません。谷本富の著作というものは、この世にパンフレットが一冊あるだけでして、学者として歯《よわい》するに足りない。ただ、学内政治家でした。文学部長――当時の文学科長――をめざして勢力を張ることに熱心であり、それから売名家でもあった。谷本のやり方は自分の名声を講演で広めようというもので、講演は買ってでもやりました。そういう生き方をした人です。

のちに『日本文化史研究』（講談社学術文庫）としてまとめられ、いまも残っているすばらしい講演を内藤湖南《ないとうこなん》がしたことがあります。しかし、谷本富の先例があるので、「あいつは講演ばかりしている」と、悪口をいわれたんです。つまり、京都大学で「講演をする者はつまらない学者である」という評価をつくった元祖です。

谷本富のことはさておいて、一般のビジネス社会では、後半の部分にだれも異存ないでしょう。

いわんや学者の世界においては、それを専門にやっているのですから、四十代で陽の目を見ないようではその後も厳しいというのは、渡部さんのおっしゃるとおりだと思います。

こつこつと勉強して、六十歳を越して――ということは国立大学の定年後です――自分の学問の集大成をやる。それが学問だと思い込んだ学者がいました。そして、六十歳になるまで何にも書かなかった。したがって、業績はゼロです。それでも大学教授が務まるところが恐ろしいのですが、この人は一応、六十何歳で一冊書きました。それはそれで感心すべきことです。「あとで自分の学問の集大成をする」といっておいて、何もしないで死ぬ人が多いのですから。ただ、この先生の残念なところは、書いた本を読んでも何をいっているのかわからないことです。

私は中村幸彦《なかむらゆきひこ》先生に「あの本は困りますね」といったら、先生は「そうなんだよ」と答えてから、「学問というものは若いときから、自分の調べたこと、わかったことを、一つでもこつこつと世に発表していくという積み重ねがなければ、いいものはできない」とおっしゃった。この言葉を私は拳拳服膺《けんけんふくよう》しています。

四十歳になると自分の価値は下がると思え――渡部

アメリカの大学制度の非常にいいところの一つは、とにかく論文を書かせることです。だいたい三十五歳ぐらいまでに大きな論文を一つも書かなければ見込みがないとされるでしょうね。アメリカの大学には、われわれから見てもいい加減だと思う論文もありますが、それでもとにかく書かせなければ話になりません。

そういう例が私の身近にもあります。上智大学英文科の大学院は、他の大学や他の学部――上智大学外国語学部が多いですが――から来る人がいます。外国語学部出身は英語はできるのですが、論文を書くことになるとしばしば問題があります。というのは、外国語学部では卒業論文が選択になっていて、そこで卒業論文を選択した人はいいのですが、論文を書かず、英語だけで大学院に来る人は修士論文で困ってしまう人がいるのです。

学部の卒業論文は学問的に意味がないに等しいのですが、これを書いたことがある人とない人では修士論文をまとめる段に至って、ものすごく差が出ます。もちろん、学部の卒業論文を書いたほうが強い。実際、文学部英文科で卒業論文を書いた人は、その後の論文がそれなりに形になっている場合が多いですね。一方、卒業論文を書いたことがなくて大学院に来た人がそれなりの論文を書いた例は、私の記憶にほとんどないといってもいい。修士論文では世に聞こえるというほどのものではないけれども、やはりそれまでに論文を書いているかどうかは大きいと思います。

さらに「世に聞こえる」ということでいえば、われわれなら日本英文学会のような学会があります。ここで発表することは、学者として一応、世に知られる一歩となります。そこで四十歳以前に十五分、二十五分程度でも発表をしない人の多くは、その後も永久にしません。例外を探せばあるかもしれませんが、私の知る限りは、四十歳以前に日本英文学会で発表しないでいて、あとに発表したという人はほとんど知りません。人前で叩かれる恐れのあるところで、発表しようという意気《いき》があるのとないのとでは違ってくるのでしょう。

こうして身の回りを見てみると、孔子や世阿弥のいうことは本当であることがわかります。四十歳になったら急に自分の能力、価値が下がっていくと思って間違いない。将棋の米長邦雄《よねながくにお》のように四十代になっても維持する人が稀にいますが、それは例外です。

長生きする時代になったから長い目で見れば、というのではなく、四十歳までにその分野で何かをなせなかった人は——これはあくまでも一般論ですが——別の道を考えるか、あるいは人生を軟着陸する方途《ほうと》に目を向けたほうがいいですね。

問題意識の差が能力に出てくる——谷沢

ポール・ヴァレリーは『ドガ　ダンス　デッサン』（邦訳全集第10巻、筑摩書房）の中で、机の上にある花をぼーっと見ている場合と、デッサンしようと画用紙に向かっているときでは、まったく違うといっています。同じことが、「論文を書こう」と思って勉強している場合と、古今の典籍《てんせき》を読まなければいけないからという理由で漫然と読んでいる場合にもいえるのでしょう。これは問題意識の差ということができるかもしれません。

24 理想

《穂積論語　先進第十一――二七八》

子路《シロ》・曽晳《ソウセキ》・冉有《ゼンユウ》・公西華《コウセイカ》侍坐《ジザ》ス。子《シ》ノタマハク、ワガ一日《イチジツ》ナンヂヨリ長《チヨウ》ゼルヲ以《モッ》テワレヲ以《モッ》テスルコトナカレ。居《ヲ》レバスナハチイハク、ワレヲ知《シ》ラズト。モシ或《アルイ》ハナンヂヲ知《シ》ラバ、スナハチ何《ナニ》ヲ以《モッ》テセンヤ。子路《シロ》卒爾《ソツジ》トシテ對《コタ》ヘテイハク、千乗《センジヨウ》ノ國《クニ》、大國《タイコク》ノ間《アイダ》ニ攝《ハサ》マリ、コレニ加《クワ》フルニ師旅《シリヨ》ヲ以《モッ》テシ、コレニ因《カサ》ヌルニ饑饉《キキン》ヲ以《モッ》テス。由《ユウ》ヤコレヲ爲《オサ》メバ、三年《サンネン》ニ及《オヨ》ブコロホヒ、勇《ユウ》有《ア》リテ且《カツ》方《ホウ》ヲ知《シ》ラシメント。夫子《フウシ》コレヲ哂《ワラ》フ。求《キユウ》ヨ、ナンヂハ何如《イカン》。對《コタ》ヘテイハク、方六七十《ホウロクシチジユウ》、モシクハ五六十《ゴロクジユウ》、求《キユウ》ヤコレヲ爲《オサ》メバ、三年《サンネン》ニ及《オヨ》ブコロホヒ、民《タミ》ヲシテ足《タ》ラシムベシ。其禮樂《ソノレイガク》ノ如《ゴト》キハ、以《モッ》テ君子《クンシ》ヲ俟《マ》タント。赤《セキ》ヨ、ナンヂハ何如《イカン》。對《コタ》ヘテイハク、コレヲ能《ヨ》クスト曰《イ》フニアラズ、願《ネガ》ハクハコレヲ學《マナ》バン。宗廟《ソウビヨウ》ノ事《コト》モシクハ會同《カイドウ》ニ、端章甫《タンシヨウホ》シテ願《ネガ》ハクハ小相《シヨウシヨウ》ト爲《ナ》ラント。點《テン》ヨ、ナンヂハ何如《イカン》。瑟《シツ》ヲ鼓《コ》スルコト希《マレ》ナリ。鏗爾《コウジ》トシテ瑟《シツ》ヲ舍《オ》キテ作《タ》チ、對《コタ》ヘテイハク、三子者《サンシシヤ》ノ撰《セン》ニ異《コト》ナリ。子《シ》ノタマハク、何《ナン》ゾ傷《イタ》マンヤ、亦各其志《マタオノオノソノココロザシ》ヲ言《イ》フナリ。

イハク、莫春《ボシユン》ノコロ、春服既《シユンプクスデ》ニ成《ナ》ル、冠者五六人《カンジヤゴロクニン》、童子六七人《ドウジロクシチニン》、沂《キ》ニ浴《ヨク》シ、舞雩《ブウ》ニ風《フウ》シ、詠《エイ》ジテ歸《カエ》ラント。夫子喟然《フウシキゼン》トシテ歎《タン》ジテノタマハク、ワレハ點《テン》ニ與《ク》ミセント。三《サン》子者出《シシヤイ》ヅ。曽皙後《ソウセキオク》ル。曽皙《ソウセキ》イハク、カノ三子者《サンシシヤ》ノ言《ゲン》ハ何如《イカン》。子《シ》ノタマハク、亦《マタ》各《オノオノ》其志《ソノココロザシ》ヲ言《イ》フノミ。イハク、夫子《フウシ》何《ナン》ゾ由《ユウ》ヲ哂《ワラ》フヤ。ノタマハク、國《クニ》ヲ爲《オサ》ムルニハ禮《レイ》ヲ以《モツ》テス。其言《ソノゲン》譲《ユズ》ラズ。コノ故《ユエ》ニコレヲ哂《ワラ》ヘリト。タダ求《キユウ》ハスナハチ邦《クニ》ニアラザルカト。イヅクンゾ方六七十《ホウロクシチジユウ》モシクハ五六十《ゴロクジユウ》ニシテ邦《クニ》ニアラザルモノヲ見《ミ》ント。タダ赤《セキ》ハスナハチ邦《クニ》ニアラザルカト。宗廟會同《ソウビヨウカイドウ》ハ諸侯《シヨコウ》ニアラズシテ何《ナン》ゾ。赤《セキ》ヤコレガ小《シヨウ》タラバ、タレカ能《ヨ》ククコレガ大《ダイ》タラン。

子路・曾皙・冉有・公西華の四人が御側《おそば》にはべつてゐたとき、孔子様が、「わしがお前たちより多少年上だからとて、わしに遠慮せずに物を言つてくれ。お前たちは平《へい》生《ぜい》、私を知つて用ひてくれないから仕事ができないなどと不平を言ふが、もしお前たちを知つて用ひてくれる人があつたら、お前たちはどういふ事業ができるつもりか、めいめいの抱負を言つて見たらどうぢや。」と四人に問ひかけられた。すると子路がイキナリ口を開いて無遠慮に、「魯《ロ》・衛《エイ》・鄭《テイ》の如き兵車千乗程度の諸侯の國が、齊《セイ》・晉《シン》・楚《ソ》の如き萬乘にも近い大國の間にはさまり、それだけでも形勢困難な所へ戰爭が始まり、おまけに饑饉《ききん》で食糧難が重なるといふやうな國歩艱難《こくほかんなん》な場合に、由「子路自身」が其難局に當《あた》つて其國政を執りましたならば、三年たつかたたぬに、其人民の勇氣を回復させ、且國民の義務をわきまへ君國のために身命をなげうつやうにさせて御覽に入れませう。」と言つた。例の子路らしい大言壯語《たいげんそうご》なので、孔子樣も思はず破顔一笑された。そして次には曾晳に問はれるのが順なのだが、ちようど二十五絃琴をひいてゐたのであと廻しにし、冉求に向つて「求よ、お前はどうぢや。」とたづねられた。冉求は子路がえらさうな口をきいて先生の御笑を受けたのを眼前に見てゐる故、大に用心謙遜《けんそん》して、「千乘の國などとは及びもつかぬことでありますが、六七十里四方或は四五十里四方ぐらゐの小國でありますならば、求がこれを治めて殖産興業に力をそそぎ、三年ほどのうちに人民の衣食を足らしめて生活を安定させることはできさうに存じます。しかし禮樂を以て民心を感化するといふやうな所に至りましては、私のがらにないことでありますから、盛徳の君子に御願ひ致さねばなりません。」と申し上げた。そこで孔子樣が今度は公西華に向つて、「赤よ、お前はどうぢや。」とおつしやつた。公西華は元來禮樂を志してゐたのだが、今冉求が禮樂は君子に待つと言つたばかりの所だから、私は禮樂の方を致しますとイキナリ言つては、自ら君子を以て任ずるやうに聞えて具合がわるい故、さらに大にへりくだつて、「私にできると申すのではござりませんが、勉強かたがた致して見たいと存じますのは、國君のご先祖廟の御祭又は諸侯の國際的會合といふやうな場合に、衣冠束帶《いかんそくたい》で式部《しきぶ》次長ぐらゐの所を勤めさせていただくことでござります。」と言つた。そこで最後に曾皙に向つて、「點よ、お前はどうぢやな。」と問はれた。曾皙は其時右の問題を聞きながら、二十五絃琴をジャマにならぬ程度にポツンポツンとひいてゐたが、カチヤンと音をさせて琴を置き起立して、「私のは三君の抱負とはおよそ種類ちがひでござりますから。」と遠慮したところ、「めいめいに思つた事を言ふだけだから、何のさしつかえがあらうや。」と孔子様がおつしやるので、「それでは申し上げますが、晩春の寒からず暑からぬ好季節に、仕立おろしの春着をき、五六人の若い者や六七人の少年たちをつれて、沂水のほとりの温泉に入浴し、舞雩の雨乞臺でひとすずみして、鼻歌でもうたひながらブラブラ歸つて來たうござります。」と言つた。すると孔子様があぁと歎息されて、「わしも點「曾皙」の仲間入がしたいものぢや。」とおつしやつた。さてほかの三人は引きさがつて曾皙だけが殘つたところで、曾皙が「あの三人の申したことをどう思召しますか。」とおたづねしたので、孔子様がおつしやるやう、「めいめいの平生の志を言つた次第で、いづれも適切なことと思ふ。」「それでは先生はなぜ由をお笑ひになつたのでありますか。」「國を治めるには禮が根本なのに、由の言葉には少しも禮讓《れいじょう》の氣味がないので、矛盾を感じてつひ笑つたのだよ。」「それでは求のは國を治めるといふ抱負ではなかつたのでございますか。」「六七十里四方又は五六十里四方でも、もちろん國に相違ない。求なら由と同じく千乗の國でも治め得るのだが、謙遜《けんそん》して小國の物質方面だけと言つた所が神妙ぢや。」「しかし赤のは國政ではございますまい。」「イヤイヤ宗廟や會同は諸侯の重大事で、りつぱな國政だが、赤ならば十分につとめ得る。赤が式部次長と謙遜したら、誰が式部長官をつとめ得ようぞ。

人生を楽しむひととき――渡部

これは孔子が弟子たちに「遠慮しないで、これからやりたいことをいいなさい」と尋ねたときの話です。

まず子路が「千乗の国をきちんと治めたい」と答えた。求は「それより小さい国をきちんと治めたい」といいい、赤は「もっと小さいところできちんとやりたい」といった。琴を弾いていた點は琴を置いて、「私はいまの三人の方と少し違うので」と遠慮すると、孔子は「遠慮するな。皆、自分のやりたいこと、将来の志をいっているのだから」と促したので、「私は春の暮れ方の頃、新しい晴れ着を作って、若い者五、六人、童子六、七人を連れて――

沂《き》というのは温泉場でしょうか——温泉場にいって、温泉に入って、それから風に吹かれて、歌でも歌いながら、家へ帰ってきたい」といった。すると、孔子は「私もそれがいい」といった。

これは「述而第七——一八四」の「温《オダヤカ》ニシテ厲《ハゲ》シ」、それから「述而第七——一八三」の「君子《クンシ》ハ蕩蕩《トウトウ》タレ」と似ていますが、この話を私はとても気に入っています。

私はどういう人生を送りたいかということを、具体的に考える質《たち》なんです。では、私の人生の目的は何か。孔子のように、莫春《ぼしゅん》（暮春）の頃、ちょっとした晴れ着をおろして、気の合った若い学生でも——若い人でなくてもいいのですが——連れて花見をやったり、温泉に入ったり、夜風に吹かれたり、屋形船を浮かべたり……ということをやるのがいいのではないか、と思っています。

かつて西郷隆盛《さいごうたかもり》が下野《げや》して薩摩《さつま》に隠棲《いんせい》したときに、兎《うさぎ》狩りか何かにいって家を留守にしていたが、帰ってきて、風呂に入り、浴衣を着て座って、「この気持ちは昔の君子もこうかと思われる」といったそうです。西郷さんでも、汗を流したあと、風呂に入って浴衣を着て、その気分のよさは変わらなかった。これは野心のあるなしに関係ないのでしょう。パリッと糊《のり》のきいた浴衣を着て、差し迫った仕事もなく、「一杯やるか」というのはいい気分ですね。

人生の目的として、そういういい気分の時間をなるべくたくさん持ちたい。ちゃちな話ですけれども、孔子も「それがいい」といったのですから、私も「まあ、いいではないか」と思うんです。

ただ、毎日が「いい気分の時間」では困ります。ここでは「春服既ニ成ル」といっていますが、季節の変わり目に仕立下しの洋服か着物を作るぐらいの回数でちょうどいいのかもしれません。

仕事に追われていると気持ちが素寒貧になる――谷沢

少し俗っぽいですけれども、私には若いときからの一つの信条があります。他から強いられるとか義理で何かをしなければならないというような、他律的、他動的なことを絶無にするのは社会人として不可能であるにしても、そういうものをできるだけ少なくしたいということです。

「どうしても義理でやらなければならない」「あの人の要望だから、それをかなえなければならない」ということがあれば、私の貴重な時間を放ってでもそこへいくことになる。そういう事態をいかに少なくするかということを考えてきました。その意味ではかなりわがままな生活をしましたが、幸いなことに大学教授というのはそれをやろうと思えばできるのです。

私の理想は、朝起きて書斎に入ると、「今日は何をしようかな」と考えられる日を、できる限り持つことです。「今日はどこそこの出版社のためにあれを書かなくてはいけない」「今日はこれをしないと締切に間に合わない」の連続ではかないません。常に仕事に追われていると、気持ちが素寒貧《すかんぴん》になります。

文藝評論家の中村光夫《なかむらみつお》は晩年、呉茂一《くれしげいち》を師匠として日曜日をギリシャ語の勉強に使う日としていたそうです。六十歳の中村光夫がギリシャ語を勉強しても、仕事にプラスになるわけではありません。しかし、これは一つの精神の柱、支えになるのですね。

いまは週休二日制の会社が増えていますが、会社に勤めている人でも中村光夫に範を取れば、土曜、日曜に仕事を離れて何かをやるための時間をつくることができるでしょう。少なくとも、昔に比べれば、ずいぶんチャンスは増えています。

やはり「前から読もう読もうと思ってまだ手をつけてない、あの本を今日は読もう」という、自分のやりたいことができる日は心豊かです。

25 正義

《穂積論語　子路第十三――三二〇》

葉公《シヨウコウ》、孔子《コウシ》ニ語《ツ》ゲテイハク、ワガ黨《トウ》ニ躬《ミ》ヲ直《ナオ》クスル者《モノ》有《ア》リ、其父《ソノチチ》羊《ヒツジ》ヲ攘《ヌス》ミテ子《コ》コレヲ證《シヨウ》セリ。孔子《コウシ》イハク、ワガ黨《トウ》ノ直《ナオ》キ者《モノ》ハコレニ異《コト》ナリ。父《チチ》ハ子《コ》ノ爲《タ》メニ隱《カク》シ、子《コ》ハ父《チチ》ノ爲《タ》メニ隱《カク》ス。直《ナオ》キコト其中《ソノウチ》ニ在《ア》リ。

葉公が孔子に、「わしの方にかういふ正直者がある。父が羊を着服したのを子が證明した。」とほこらしげに話した。すると孔子が申すやう、「私どもの方の正直者は少々違ひます。父は子の爲めに其罪をかくし、子は父の爲めに其罪をかくすのでありまして、そこにおのづから人情の正しさがあるのでございます。」

《宮崎論語　子路第十三――三二〇》

葉公《しようこう》、孔子《こうし》に語《かた》りて曰《いは》く、吾《わ》が黨《とう》に直躬《ちよくきゆう》なる者《もの》あり。其《そ》の父《ちち》、羊《ひつじ》を攘《ぬす》む。而《しこう》して子《こ》、これを證《しょう》せり。孔子曰《こうしいは》く、吾黨《わがとう》の直《なお》き者《もの》はこれに異《こと》なり。父《ちち》は子《こ》の爲《ため》に隱《かく》し、子《こ》は父《ちち》の爲《ため》に隱《かく》す。直《なお》きこと其《そ》の中《うち》にあり。

葉公が孔子に話した。私の領内に正直で名を取った者があって、その父が羊を盜んだ時に、子供がその事實を證言しました。孔子曰く、私の町内の正直者はそれとは全く違います。子に惡い点があれば父が匿《かく》してやり、父に惡い点があれば子が匿してやります。それが自然の性質に正直に從った行爲と言うべきではありませんか。

身内をかばうのは人間として最低限の倫理――渡部

この話では、身内のことをあまり暴《あば》かなくてもいいのではないかという考え方が語られています。これは日本の民法でも認められていて、何親等以下かは裁判で証言する必要がありません。

私が思うに、これは人間として最低限の倫理です。身内をかばうという倫理がなくなったら、人間は生きていられないと思います。

これをやや拡大して、いまから三十五年前ぐらいに、日本史の本を書きました。なぜなら、当時の日本史関係の本は自分たちの先祖の悪口ばかりをいっている内容だったからです。少しはいいことを書いたらどうか、というのが、私が日本史を書き出した動機でした。その本では『論語』のこの言葉を序文に使った覚えがあります。

「正義」は人を闘争に駆り立てる――谷沢

これは渡部さんや私のテーマメロディといっていいものですね。最初に使ったのは渡部さんですが、「父を告発した子の態度はとらない」というのが渡部歴史学の基本理念であるといえるでしょう。

私なりに付け加えて申しますと、この中で最後に孔子がいっている言葉――「直きこと其の中にあり」――が大きな意味を持っていると思います。つまり、「正しきこと其の中にあり」とはいっていないことが重大なのです。

百人の人間が「正しきこと」を言い出したら、百五十とおりの正しい理論が誕生するでしょう。何が正しいかを言い出したら、きりがないのです。

また、「何が正しいか」という判断に照らして、他の人間をずばりずばりと切っていくことができるから、「正しいか」「正しくないか」という議論は、猛烈な攻撃衝動を引き起こします。「正しいこと」というのは、いわば闘争の論理なんです。

これは社会全体という大きな話に限定されることではなく、たとえば夫婦の場合にもあてはまります。夫が妻に対して、「何をすることが正しいか」ということを言い出したら、いくらやってもきりがない。この場合、逆も真であり、妻が夫に反論して「正しいかどうか」をいったら、果てしのない夫婦喧嘩《げんか》になってしまいます。

「正義の論理」というのは非常に危険なものであり、人を闘争に駆り立て、修羅《しゅら》の巷《ちまた》にする論理構造ではないかと、私は考えます。「正義」を重んじて、親子が両方で告発しあうことのほうが正しいことだといったら、すべての人間関係は崩壊してしまうでしょう。

この正義の論理とは逆に、この世を潤滑に回転させていくのは孔子のいう「直きなること」です。「直きなること」――「何が人情の自然であるか」といったら、そこに議論の余地がありません。親子という関係でいえば、子にとって父や母が自分をこの世に出してくれた存在だという厳然たる事実は、絶対に否定できない。その関係というものを、すべての人間関係の根本に置くことを孔子は求めていた。親子にとって直きなること、夫婦にとって直きなることが人倫《じんりん》の根本であり、倫理学の根本理念ではないでしょうか。

表現を変えていいますと、「正義」の論理は直進的に前へ進み、「直」の論理はあるがままに受け取るということもできます。両者の違いは、前へ進むか、そっくりそのとおりに受け取るかということができます。

森鷗外《もりおうがい》が『伊澤蘭軒』（全集第17巻、岩波書店）の終わりに、「わたくしは学殖なきを憂ふる。常識なきを憂へない。天下は常識に富める人の多きに堪へない」と記した一節になぞらえていうなら、「天下は正義の士の多きに堪へない」と申したいところですね。たしかに世の中には「正義の士」がごろごろいます。この「正義の士」というのは眉《まゆ》に唾《つば》をつけて接しなければいけない。しかし、「直なる人」については信用できます。「直き」とは価千金《あたいせんきん》の文字だと思います。

「ライト」と「ナチュラル」――渡部

いま、「正」と「直」を区別されましたが、これは非常に重要な点だと私も思います。「正」ではなく「直」を求めるというのが孔子の奥深いところですね。

「正」を英語で訳せば「ライト」(right) になるでしょう。ここでは「正しい」という意味ですが、あるいは「righteousness」(独善) といってもいいかもしれない。「正しい」というのは「権利」という意味もあり、何かしらの主張を含むからです。

一方、「直」を英語に訳すのにどの言葉が適当かと考えてみると、谷沢さんがいわれるように「ナチュラル」(natural) があてはまるのではないかと思います。これは「人工的でないこと、自然のこと」という意味です。

「正シキコト其中ニ在リ」といったら、「これは正しくない」と糾弾《きゅうだん》が行われ、人の悪いところを見つけて訴えた者が偉いことになる。そういう事態がどういうものかは、親を告発したヒトラー・ユーゲント（ヒトラー青少年団）や毛沢東《もうたくとう》の文化大革命を見ればわかります。

いまの市民運動というのは正義運動です。だから、「国籍の違う者に、政権に参加させよう。人間としての権利だ」などという。国との関係を考えれば、国籍のある人とない人を「一視同仁《いっしどうじん》」というわけにはいかないんですね。

両方が成り立つようにはからうのが「直」の論理——谷沢

極端なことをいうと、国籍の有無を問わずに参政権を与えるのが正義ならば、日光猿軍団の賢い猿たちを公務員に登用可能にできるよう道を開くべきだということだって、正義として主張してもおかしくありません。

「正義の論理」でいちばん問題なのは、利害が対立する片方をよしとしてしまうことです。「直」の論理というのは、両方が成り立つように考えます。つまり、人間関係の濃い・薄いに従って判断する。そこでは人間関係の濃い者に対して、より温かく、より有利にはからうことになります。

人情というものは「一視同仁」がいちばんいけません。赤の他人も親も一緒にするというのが「正義の論理」ですが、人間関係は特別待遇をする必要があるのです。人間関係の根本は区別です。区別のない人間関係というのは駄目なのです。

どの程度の区別が妥当か。これは大きな問題ですが、他人が見て、自然だと感じられるのならいいのではないかと私は考えています。

26 勇気

《宮崎論語　憲問第十四――三三七》
子曰《しいは》く、徳《とく》ある者《もの》は必《かなら》ず言《げん》あり。言《げん》ある者《もの》は必《かなら》ずしも徳《とく》あらず。仁者《じんしゃ》は必《かなら》ず勇《ゆう》あり。勇者《ゆうしゃ》は必《かなら》ずしも仁《じん》あらず。

子曰く、修養して徳を得た人は必ず良いことを言う。併《しか》し良いことを言う人は必ずしも徳のある人とは限らない。最上の人格者は必ず勇氣がある。併し勇氣のある人がいつも人格者とは限らない。

「蛮勇」というマイナスの勇気がある――谷沢

これは痛烈な指摘です。立派な意見が出てくる人は、人間として内容が充実し、修養が足りていて、経験も十分であるというのが常識的な考え方です。ほとんどの場合はそうなのですが、しかし言葉だけが立派で、内容も、責任感も、道徳観念も、義務感も、何もない人がこの世にはいます。だから、言葉の論理構造、表現形態だけでもって、その人を信用してはいけない。その言に人格的裏付けがあるかどうかということを見て取る必要があるわけです。

これはあらゆる会議において、必須《ひっす》の原則でしょう。非常にすばらしい意見にしたがって、会社が大損することがあります。逆に、何かもたもたして、すっきりしていない議論だったけれども、やってみたら、結果としては非常にうまくいったということもよくある。言そのものを人格と切り離して、抽象的に取り上げた場合には、たいていい間違うということができるように思います。

それから、勇気は人間にとって絶対必要な要素で、さきほども「武」という言葉が出てきましたが、武、勇気、あるいは気概《きがい》――ことに私などは「気概」という言葉が好きです――がなければ、人間として根本が欠けていることになる。ところが、勇者は必ずしも立派な人間ではないと、孔子はいいます。たしかに、血気《けっき》にはやった勇、蛮勇というものがあり、これはいわば仁ならざる勇です。

たとえば、議論に勝つためには勇ましいことを口にするほうが有利ですから、蛮勇が幅をきかせることがあります。帝国陸軍が間違ったのは、蛮勇の議論が勝ったからでした。

「やろうじゃないか！」という議論と「いや、向こうは強いのでやめておこう」とで、どちらが立派に聞こえるかといったら、絶対に前者のほうであり、議論をすれば前者が勝つ。この原則が二十年間、日本陸軍を支配しました。

　こういう蛮勇を抑えるには、それまでにすばらしい勇気、あるいは戦闘意欲というものを発揮している人でないと駄目です。

戦うことができるから調停する力が出てくる──渡部

　つまらない勇気には、匹夫《ひっぷ》の勇というのもありますね。蛮勇、あるいは匹夫の勇を抑えるのが本当のリーダーです。そのためには、「あの人は勇気がある」という名声が蛮勇や匹夫の勇を凌駕《りょうが》するぐらいに確立している必要があります。

　山口組の田岡という親分はたいへんな規模の広域暴力団をつくった人です。それは社会的に見ればマイナスかもしれませんが、プラス・マイナスをつけずに人間の絶対値でいえば大きな人です。この人の伝記を読みましたら、若いときに一人しか殺していないことがわかりました。

　元々、山口組というのは小さな組であり、また戦前は暴力団があまり恐い存在ではなかった。なにしろ日本陸軍という超暴力団がいますから、民間の暴力団が恐いという発想は、普通にはなかったのです。そういう時代に、山口組のナンバーツーにあたる人が親分をしばしばないがしろにした。それを見かねて、田岡青年が一人でそこに押しかけていって日本刀でその男を斬《き》り殺した。

これは恐い話なんです。というのは、ヤクザが勇気あるように見えるのは、堅気《かたぎ》を脅せるからです。堅気は絶対に暴力を使わないのが建前ですから、いくらでも脅せる。ところが、暴力団同士だと、いつでも刀を抜き合っていいのだから、これは勇気がいる。暴力団同士の喧嘩《けんか》、たとえば一和会と山口組の抗争があったときに、大阪の飲み屋街からヤクザの姿が消えたといわれましたが、お互いが恐かったのです。

京都大学名誉教授の会田雄次《あいだゆうじ》さんがいっていますが、ビルマ戦線でいちばんだらしなかったのは料亭の主人とヤクザだったそうです。料亭の主人は接客業ですから、そう勇気がある人間でないということはうなずける話ですが、案外ヤクザは臆病《おくびょう》だった。考えてみたら、ヤクザが勇ましいのは、反撃しない素人《しろうと》を相手にするからであり、イギリス軍を相手にすごんでみても反撃されるから、いくじがなくなるのでしょう。

だから、ヤクザはとてもヤクザが恐い。しかし、田岡青年は一人で出かけていって、ばさっと斬った。これはたいへんな勇気です。彼は数年間、刑務所にぶち込まれて出てきた。そのときに彼の勇気を疑う者は、ヤクザの世界でいないわけです。それから彼は何をしたかというと、もっぱら調停役です。田岡の娘である田岡由伎《たおかゆき》が書いた『さようならお父さんの石けん箱』（昭和五十九年、サンケイ出版）という本に、顔を引きつらせたヤクザの親分たちが自分の父の所へ来て、しばらく話し合って帰るときには、いずれもにこにこしていたという話が出ています。要するに、皆、調停で問題を解決した。だから、広域暴力団ができたともいえるでしょう。

調停ばかりやっていたら臆病だと思われて、調停する力がなくなるものですが、若い頃に一人でヤクザを斬り殺したことのある田岡をだれも臆病だと思わない。そこが調停力の基本なんですね。

三方ヶ原《みかたがはら》の戦い、姉川《あねがわ》の戦い、小牧《こまき》・長久手《ながくて》の戦いなど見てもわかると思いますが、徳川家康《とくがわいえやす》も戦争ということに躊躇《ちゆうちよ》しなかった男です。ところが、あるとき、彼は秀吉の実力を知って完全に屈伏した。それからやることといったら調停、調停、調停です。秀吉から睨《にら》まれた人を取りなしてやったりしていますし、特に秀吉が死んでからは、大名の取り持ち役をせっせとやっています。狸爺《たぬきじじい》という人もいたかもしれませんが、彼を臆病だと思う人はいないわけです。取りまとめ役ばかりやっていても、臆病、戦争嫌い、弱いといわれることはなかった。だから、まとめ役として力を振るえたのです。

いまの日本が国際的に活躍できないのは、武力がないからです。アメリカはいくらデモクラティックなことをいっても、いざとなったら行使する武力があるから発言力も調停力もあるのです。

一生を通じて輝く勲章を手に入れるチャンスをつかまえる――谷沢

一つの組織の中で難局が生じたときに、若くして解決すべく出ていくとか、あるいはすぐに出ていかなくても、不自然でないときに一人敢然《かんぜん》と立ち向かっていくことで、人間はチャンスをつかまえられます。これは男でも女でも、絶対に大切なことです。それをやってのけられれば、一生輝く金鵄勲章《きんしくんしょう》を手に入れたことになります。

鈴木貫太郎《すずきかんたろう》が侍従武官長から戦争を締めくくる総理大臣として出てきて、とにかく終戦にこぎつけることができたのは、「日露戦争で勇敢に戦った」という武名赫々《かっかく》たるものがあったからでしょう。「あいつは逃げ隠れしなかった。前線で勇敢に戦った」という男が、「戦争をやめよう」と主張しているのですから、これは説得力がある。井上成美《いのうえしげよし》のように逃げて帰ってきた人が「戦争をやめよう」といったって、だれが聞くものですか。

しかも、鈴木貫太郎の場合は日本海海戦で水雷艇に乗って戦ったのですから、戦艦に乗っていた軍人とは危険度がまったく違っています。水雷艇の攻撃をたとえていえば、匕首《あいくち》を持って敵の戦艦の横っ腹を狙《ねら》いにいくということができるでしょう。戦艦同士ならば、普通は七千メートルの距離で撃ち合いをします。しかし、水雷艇は敵の戦艦の舷側《げんそく》までいくのですから、本質的には特攻に等しいわけです。

日本海海戦で水雷艇を使うことは、最も危険な作戦でした。連合艦隊司令長官の東郷平八郎《とうごうへいはちろう》は「兵員が死ぬ可能性のある作戦はとらない」という哲学があったから、最も危険だった水雷艇を使うことになかなか同意を示さなかった。それでも生還の可能性が多少あるゆえに、不本意であるけれども許した。鈴木貫太郎はその水雷艇を率いて敵艦隊に近づいて攻撃をしかけ、そして負傷したのですから、「勇気のある人」という点では疑いようもなかった。それでいて、鈴木貫太郎は日露戦争で勇敢に戦ったことなど、鼻の先にぶら下げていません。実に好々爺然《こうこうやぜん》としていたが、しかし皆、その偉功《いこう》は知っている。そういう鈴木貫太郎という隠れた駒が一枚あったことが、終戦工作に大きなプラスに働いたといえるでしょう。

「仁者」と「仁なき勇者」――渡部

鈴木貫太郎というのはいい例ですね。

水雷艇がそれほど大きな手柄をたてたケースは、世界の戦争史にほとんど見あたりません。日本の水雷艇は日清、日露の両戦争でともに戦果をあげましたが、これは例外中の例外です。

小さい船で戦艦に向かっていき、近くまで寄って魚雷を撃つのだから、勇敢でなければ成功しないし、きわめて危険な任務でもあります。日本海海戦では連合艦隊のうちで水雷艇だけが三隻沈んでいるのを見ればわかりますが、本当に危ない作戦だったのです。

その水雷艇で戦った実績のある鈴木貫太郎だからよかったのですね。戦場から逃げたことのある井上成美では駄目だし、いわんや近衛文麿《このえふみまろ》では話にならないでしょう。

終戦のときの鈴木貫太郎は、ここで孔子がいうところの「仁者」です。そして、いまから見れば、本土決戦をやろうといっていた者たちは「仁なき勇者」ですね。

27 議論

《宮崎論語　憲問第十四――三五三》
子曰《しいは》く、其《そ》れこれを言《い》いて怍《は》じざれば、則《すなわ》ちこれを爲《な》すや難《かた》し。

子曰く、言うことをしゃあしゃあと言ってはにかむことを知らない人は、實行のほうまでは手のまわらぬものだ。

議論に勝つためだけの論を相手にするな――谷沢

これはさきほどとも少し重なるのですが、要するに言葉だけで人を評価してはならないという『論語』の大原則が語られているところです。

議論に勝つ方法として、一つは極端なことをしゃべるというやり方があります。一座の連中がいうであろう議論をだいたい推定しておき、いずれの発言よりも一段上の極言を吐く。そうすると、颯爽《さっそう》と見えるのです。これは議論に勝つ手として、昔からいちばんの常道とされています。

もっと確実に議論に勝とうと思ったら、だれもが「そこまでやらないといけないのか。つらいな」と心理的にしり込みするようなことを提案すればいいんです。反対派、逡巡《しゅんじゅん》派が「ちょっとそれは無理だよ」といったら、「あなたはそれができないのか。やってやろうという元気がないのか」と突っ込む。そこまでいわれたら非常に反論しにくいので、たいていの議論はこれで進みます。

ただし、極論をいい、できそうもないことを主張して議論に勝っても、勝った側の主張を実行するのはほとんど不可能です。それはそうでしょう。できそうもない大きなことをいったのですから、それをやり遂げるには相当の実行力がなければならない。ところが、そういうむちゃくちゃな議論をする者に限って、実行力がないんです。

大学の教授会などでも、まさに恥ずかしげのない、いいっぱなしの人間が極論をいうケースがしばしばあります。チェアマンとしてそういう会議をコントロールするには、言葉だけの人間がしゃべり疲れるのを待つしかありません。その連中の致命的なところは、具体的な手筈《てはず》まで掘り下げて考える才覚がないことです。だから、しゃべるだけしゃべらせたら、しまいには擦《す》り切れたレコードみたいに同じセリフを繰り返すようになります。そうすると、皆が議論に飽《あ》きてきます。そして、「もう、いいじゃないか」と皆が言い出すのを待つのが教授会の議長の役目です。

世の中の議論家といいますか、論を立てるのが好きな人のうちの八〇パーセントは、実現不可能な極論を口にする人たちです。だから、日本で議論をきちんとした方向へ落としていくための唯一無二の能力は忍耐力です。皆が飽きるのを待つわけです。

逆に、いちばん下手糞《へたくそ》なやり方は、極論に対して理論的に食ってかかることです。「きみ、それは理論的に矛盾している」などといおうものなら、向こうはますますハッスルして反論してくる。それは火に油を注ぐことになるのです。だから、賢い人はうんざりした顔をしたらいいんです。この辺はアメリカとは風土が違っていますね。

虫のいい話を真に受けてはいけない——渡部

大言壮語すると、引っ込みがつかなくなるということですね。

私の田舎に、「稼《かせ》ぎだくねちゃ、あちぇ飯《まま》くでちゃ、人よりすぐれた嬶《かかあ》ほしちゃ」ということわざがあります。標準語訳すると、「仕事はしたくない、しかし温かいご飯は食べたい、人並みすぐれた女房が欲しい」ということです。これは虫のいい話ですが、政治の世界でも「税金は安くします、福祉は厚くします」という議論がある。これは「稼ぎだくねちゃ、あちえ飯くでちゃ、人よりすぐれた嬶ほしちゃ」と同じです。

そういう大言壮語する政党が出てくると困りますね。福祉理論というのはすばらしい理論ですが、ものすごい税金を取らなければ実行できない。だから、税金を安くすることと同時にやろうというのは辻褄《つじつま》が合わないのです。当然、実行する段になれば、「税金は高くします」というか、「福祉は薄くします」ということになる。高福祉低税金、そんな話を真に受けてはいけません。

政治家に対しては、「それをするために税金いくら要るんだ」と質《ただ》すことが必要です。また、たいていの政策は他人の税金でやろうという立派な案ばかりですから、「あなたはいくら納める気だ」ということを聞いてもいいでしょう。

「言いて作《は》じざれば」というのは、無責任な放言ということでしょう。できないことをやれば倒産してしまうのですから、民間企業ではそういう放言が比較的抑えられていると思います。民間が健全だというのは、そこなんです。国の場合は、無茶な予算を組んでもつぶれませんから、無責任な主張が幅を利かせ、おかしなことになってしまう。それを抑える力がどのぐらいあるかが問題です。

責任感のない相手と議論をしても、らちがあかない――谷沢

大言壮語することで「愚かな人間を引っかけよう」という毛鉤論《けばりろん》を渡辺美智雄《わたなべみちお》が唱えましたが、あれは名言でした。

政策の財源を論議するときに、「どこにそんな金があるのか」というと、「たくさんあります。自衛隊を明日から廃止したら、その分を福祉に回せます」という人がいます。これもまた極論です。それに反論すると、自衛隊必要論をいわないといけなくなる。これではいくら時間があっても足りない。だから、無責任に立派なことをいう人にはしゃべらせておいて、だんだんと皆がその矛盾に気づいて倦怠感《けんたいかん》を持つのを待つしかない。私の経験では、それしか解決法はありません。

大言壮語する人を理論的に言い負かすことは、ほとんど不可能に近いんです。なぜなら、理論的に相手を言い負かすことのできる最低の条件は、先方に責任感があることだからです。責任感のない人間といくら議論をしたって、絶対にらちがあきません。

日米開戦論は、全部、責任感のない人間の、勇ましくて仁なき放言であったわけです。いまは会社に限らず、また大学に限らず、日本中、無責任放言に満ちています。だからこそ、リーダーの資質がより問われているといっていいでしょう。

28 親疎

《宮崎論語 衛靈公第十五――三八六》
子曰《しいは》く、與《とも》に言《い》うべくしてこれと言《い》わざれば、人《ひと》を失《うしな》う。與《とも》に言《い》うべからずしてこれと言《い》えば、言《げん》を失《うしな》う。知者《ちしゃ》は人《ひと》を失《うしな》わず、また言《げん》を失《うしな》わず。

子曰く、信頼のおける友人だと思ったなら、次第に祕密なことをも打明けるようにしなければ、逃げられる。信頼する價値《かち》のない人に、うっかり祕密なことを話すと、失言問題を起こして災難を蒙《こうむ》る。知者とは親友に逃げられることもなく、人から裏切られることもないものだ。

親しい人に情報を漏らさない人は世間から捨てられる――谷沢

これも人間付き合いの極意を語っている一条です。

ここでは、世の中には信用できる人と信用できない人があるのだから、それをきちんと分け、信用できる人にはそれ相当の親密な待遇をし、そうでない者には間隔を置けということをいっています。

「あの人は口が堅い」というのは信用できる人間に対する形容ですが、しかしどんな親しい人間にも一切情報を漏らさない人は世間から捨てられます。腹を打ち明けて、ともに諮《はか》り、ともに語れる人に対しては、極秘情報でも提供すべきです。逆に、ともに諮ることのできない人間に対しては、そんなことをおくびにも出してはいけない。そういう区別をはっきりつけなさいと、孔子は教えているのです。

孔子の人間関係の根本は、親疎《しんそ》の別です。親しいか疎であるかを付き合いの基準に置く。ただし、信用できない人間と親しくなって情報を漏らすことは自分の信用をなくしますから、親疎においても人を選ぶことが必要になります。

繰り返しますが、『論語』が語るものは「人を選ぶ論理」です。その点では非常に厳しい本です。

何事も人を選ばなければいけない——渡部

これを教育の世界でいえば、こういうことになるでしょう。面倒を見てやるべき学生の面倒を見てやらないと、その学生は伸び悩む。場合によっては、研究することを捨てるかもしれない。そうなると、人を失うことになります。ところが、しょうもない学生を一所懸命面倒見てやるのは無駄な努力です。

やはり、すべてのことにおいて、人を選ぶことは大切ですね。忠告を聞く人と聞かない人、秘密を漏らしていい人と漏らしてはいけない人、教えていい人と教えても無駄な人を一緒にしてはいけません。

また、信頼できないような人間にしゃべったことは「言を失う」、すなわち真意が曲がって伝わるということがあります。そうすると、何でもないことがおかしな具合になってしまう。やはり何事も人を選ばなければいけませんね。

親密度を増すシナリオ——谷沢

ことに日本社会では、情報をくれない人間は敵です。平素、いかに親しく付き合い、一緒においしい酒を飲んだとしても、「彼は、何一つ、自分に情報をくれない」と、ある日愕《がく》然《ぜん》と悟ると、「彼は敵である」となってしまいます。つまり、「私を同じ仲間とは見ていない。対岸の人間として処遇されている」と、怒心頭《いかりしんとう》に発するわけです。

ただ、これは私の考えですが、ある瞬間に他人を一〇〇パーセント信用できると悟るのは不可能だと思います。「彼はかなり信用できる。だから、ここまでの情報を提供して、その反応を待とう」というのが普通の態度でしょう。そして、たしかに相手の口が堅く、悪い効果が一切出ないし、自分に対しても情報をくれるということで、親密度が増す。こういうふうにしてお互いの関係の温度が上がると、今度は信用の度合いを五〇パーセントから八〇パーセントに格上げする。そういう繰り返しで一〇〇パーセントに至るというものではないでしょうか。

29 努力

《穂積論語　衛靈公第十五――三九一》
子《シ》ノタマハク、コレヲ如何《イカン》、コレヲ如何《イカン》、ト曰《イ》ハザル者《モノ》ハ、ワレコレヲ如何《イカン》トモスルナキノミ。

孔子様がおつしやるやう、「どうしよう、どうしよう、と言はないやつは、どうしようもないわい。」

努力の第一歩は「どうしようか」と考えることである――渡部

これはあまりにも明瞭で、註の要らないようなものだけれども、要するにやる気のない人間は孔子様でもどうしようもなかったということです。

この「どうしたらいいだろう」は、いろいろな面で存在するはずです。「学問であるレベルまで到達しよう」「藝事をうまくなろう」「金を儲けたい」「出世したい」「英語がうまくなりたい」等々、何だってあてはまる。そういう目標に対して、「どうしたらうまくなるか」、あるいは「どうしたらできるようになるか」と考えるのは努力の第一歩です。その第一歩さえもない人は一所懸命やる気がない人であり、これは本当にどうしようもない人間です。

「やらないための論理」をつくりあげる人——谷沢

卑俗《ひぞく》なことをいいますと、親しい関係の人物に不祝儀《ぶしゅうぎ》があったときの態度、つまり「香典をいくら包むか」という態度に、それがあらわれます。この問題はわれわれが日常よく遭遇《そうぐう》するものですが、だいたい三通りに分かれるんです。第一は、自分一人で深刻に考え、結局は結論がつかないので何もしないというパターンです。第二は、亡くなった人と自分の関係を知っている信用すべき人に訊《き》くというパターン。第三は、田中角栄《たなかかくえい》のようにとにかく人の十倍を出すというパターンです。

最も多いのは、第一のパターンで、こういう人はだいたい本性がケチです。心の奥底に「香典を出したくない」という気持ちがわだかまっている。そして、出したくないがゆえに、「わからない」という論理を被《かぶ》せる。つまり、「やらない」ための条件を論理的につくりあげるわけです。

本性がケチな人は何事もそうです。たとえば、「源氏物語の研究」という本が研究の資料になりそうだから買おうかと思っても、あれこれと考えて「他にもっと役に立つ本があるはずだから、この本を買うのはやめておこう」という結論に落ち着きます。しかし、そういう人はその次に見つけた参考になりそうな本も買わないものです。このように万事、手を後ろにする人はいかんともしがたいですね。

幸運の確率を高くする方法――渡部

どうしようもないものの一つに、運命というものがあります。では、運命は何ともできないかというと、そうではなく、運を良くする方法がある。もちろん、「こうすれば必ず運が良くなる」というものはないけれども、「運を良くする確率」を高める方法はあるわけです。

たとえば、幸田露伴《こうだろはん》の「幸運に関する三説」は幸運の確率を高くする智恵を教えています。まず、自分にいいことがあったら、幸運を周囲の人に分ける気持ちを持つ。これは福を分ける「分福」という。それから、自分にいいことがあったら――たとえば宝くじが当たったとしたら――いっぺんに使うようなことをしないで、それを大切にする気持ちになる。これは福を惜しむ「惜福」という。また、人のためになるようなことをやっておく。

これは福を植える「植福」という。この三つを心掛けている人は幸運になる可能性が高くなる、と露伴は書いています。

「運」というはじめからどうにもならないものを相手にしても、「コレヲ如何、コレヲ如何」と考えていれば、多少は確率を変えることができるかもしれません。少なくとも、「運などはどうにもならない」とあきらめている人と、「何とかして運を良くしよう」という人では、人生がまったく違ってくるはずです。

実際、どうにもならないように見える問題でも、「コレヲ如何、コレヲ如何」と挑戦する人がいれば、何かと教えてくれる人や、何かの智恵をつけてくれる人が出てくるものです。

また、「何とかしよう、何とかしよう」といっていると、普通ならば情報にならないものが情報になるということもあります。はじめからやる気のない人には右から左へ流れていく情報が、問題意識がある人にはひっかかってくるのです。

何かで読んだのか、誰かから聞いたのかは忘れましたが、チャックを作っている人が自分の商売を一所懸命やりたいと思っていたそうです。あるとき、肌にチャックがつくとひやっとして冷たいという話を聞いた。すると、チャックをプラスチックで作れないか、という発想が生まれた。その当時のプラスチックではできなかったので、チャック製造に適したプラスチックを開発し、その人は世界のプラスチック・チャックを制覇《せいは》したそうです。

この場合、どうしたらチャックをより多く売ることができるかという問題意識が、「コレヲ如何、コレヲ如何」という問いかけであり、そういう問いかけを常にしていたから、「チャックもいいけど、肌に触れると冷たくて感じが悪い」という感想が立派な情報になる。「コレヲ如何、コレヲ如何」と常に問う人は、人とは一段違った情報をつかむことができるといえるでしょう。

運を招き寄せる人間のタイプ——谷沢

福を分けるということでは、何かいいことがあったときに、その福を「わずかながら——大盤振る舞いではありませんが——人に分けたい」という気持ちを起こすタイプの人がいます。こういう人は運を招き寄せるでしょうね。

福を分けるといっても、馬券が当たったからどんちゃん騒ぎをする、というのでは駄目です。そうではなしに、惜しみながら、少しずつ人が喜ぶようなことがしたいというのが「分福」ですね。

結局、人を喜ばすことの好きな人というのがいちばん、運を招き寄せるのではないですか。また、人が喜んでくれるのを見て、心から楽しいと思えることは、人生の一つの至福だと、私は思います。

ただし、人を喜ばせておいて、「これだけプラスを与えたんだぞ」と、人に恩を着せたら運は何にもなりません。そういうことをすると、マイナスになります。

30 気概

《穂積論語　衛靈公第十五――三九五》

子《シ》ノタマハク、君子《クンシ》ハ世《ヨ》ヲ没《ボツ》スルマデ名《ナ》ノ稱《シヨウ》セラレザルヲ疾《ニク》ム。

孔子様がおつしやるやう、「君子たる者、此世を去るまで名が聞えないやうでは困る。」

「名を残す」という志は人間にとって重要である――渡部

これは前にあった、「四十五十《シジユウゴジユウ》ニシテ聞《キ》コユル無《ナ》クンバ、コレ亦畏《マタオソ》ルルニ足《タ》ラザルノミ」（子罕第九――二二七）と一緒にしてもいい項目です。

「自分は無名でもいい」「何も名を残さないで死んでもいい」とはじめから考えている人がいます。しかし、君子たるものは「世に名が聞こえるようになりたい」という志がないといけないのではないかと、私は思います。そういうと、謙遜《けんそん》と矛盾するようだけれども、私がいうのは無気概では困るということです。結果として、名前が残らないでもいい。しかし、名前を残そうという志は人が成長するうえで欠かせません。カトリックの聖人《せいじん》でも、最初は「聖人になりたい」という志を持つのだそうです。そのうち本当に聖人になればそんな志と関係なく謙遜になるのですが、少なくとも信心のはじめには聖人を志す人でなければならないらしい。

私がこの一条から連想したのは、『万葉集』にある、

をのこやも　むなしかるべき　よろづよに
　　かたりつぐべき名はたてずして

という山上憶良《やまのうえのおくら》の歌です。この気概は戦後、流行《はや》りませんが、「をのこやもむなしかるべき」が人間としてどこかに必要なのではないでしょうか。志というものを悪用された例もありましたが、軍国美談や侍の武者語りというもので志を立てること、あるいは名を惜しむという気概を持つことは、国民として重要なのではないかと思うんです。

男を殺す悪妻の論理――谷沢

たとえば、二十歳の人がいるとしましょう。二十歳の人は、皆、「名を残したい」と考え

ていると思います。ところが、年月を経ると、そのためにやらなければならない努力の密度というものが、頭の上に想像で覆い被《かぶ》さってくる。「たいへんな努力をしないといけない」「つらいこと、難儀なことをやらなければならない」「そんなことまでするのだったら、やめておこうか」というふうに、自分で自分の気概を殺していく人間が多いのではないでしょうか。私はそういう例をたくさん見てきました。

それから、これは女性の悪口になるのであまりいいたくないのですが、悪妻は亭主の気概を殺すことを助けます。「やめておきなさいよ」「そんな無理しないでもいいじゃないの」という言葉、これは悪妻の言葉です。一見、愛情に満ちていて、夫の健康と長寿を願って「無理をするな」といってくれているようですが、結局、これは男を殺す論理です。決して愛情ではありません。

31

器量

《穂積論語　衛霊公第十五――三九六》
子《シ》ノタマハク、君子《クンシ》ハコレヲ己《オノレ》ニ求《モト》メ、小人《ショウジン》ハコレヲ人《ヒト》ニ求《モト》ム。

孔子様がおつしやるやう、「事がうまく行かないときに、君子は自分の身に立ちかへつて反省するが、小人はすべてを他人の責任にする。」

《宮崎論語　衛霊公第十五――三九九》
子《し》曰《いは》く、君子《くんし》はこれを己《おのれ》に求《もと》め、小人《しようじん》はこれを人《ひと》に求《もと》む。

子曰く、諸君は凡《すべ》て事の成否を自分自身の責任だと覺悟《かくご》してほしい。ゆめ他人のせいになすりつけてはなりませぬぞ。

「成功した人の手」と「成功しない人の手」——渡部

これは人のせいにするか、自分のせいにするかで、人間の器量がわかるという指摘です。私の座右の書だったことが長く、いまも身近に置いてある本に、幸田露伴《こうだろはん》の『努力論』があります。その根幹はこの一言に尽きます。

露伴は『努力論』でこんな趣旨を書いています。

「洪水になって、畑が駄目になる。これは天災である。ところが、洪水になって、流されない畑があったとする。わずかに堤防が高かったとか、排水をよくしておいたなど、理由はいろいろとある。そのときに、洪水が悪いんだとだけいっていれば、すべてが終わりで、次の洪水でも畑は流される。しかし、洪水になっても大丈夫だった所を見て、今度洪水になっても困らないようにしようと己に求め続ければ、天災を避けることができるかもしれない」

また、「手」の比喩《ひゆ》を出して、次のような表現もしています。

「成功した人と成功していない人を見ると、成功した人は失敗した原因を自分に求める。悪い運を引いたのは自分の手であると考えるから、その手は血にまみれている。ところが、失敗ばかりしている人は、手が痛むようなことをせず、手がきれいだ」

比喩はともかく、うまくいかない原因は自分にあると考え、手を打ちつづければ、自然と幸運がやってくる確率も高くなる、あるいはいい事もいくらか頻繁に起こり得ると、私は考えています。

これは確率の問題ですが、何でもそうです。よく治まっている家というのは、茶碗《ちゃわん》一つ割れても、奥さんが「そんなところに私が置いたから悪かった」という発想をしています。相手を責める前に自分を責めるようでないと、進歩も成長もありません。

すべて責任を己に求める。これはわかりきったことですけれども、日々の心掛けとして大切なことですね。

不渡り手形をなんべんもつかむ懲りない面々――谷沢

おっしゃるように、これは家庭の雰囲気を左右する重大な問題です。悪い奥さんは茶碗を割ったとき、「だれだ、こんなところに置いたのは！」という。そういう奥さんがいる家庭はきわめて不穏な空気が漂っています。

もちろん、家庭に限らず、これは社会生活全般にいえることですね。世間には、不渡りを出されて四苦八苦した相手と、同じような取引を繰り返して、また不渡りを出される、ということをやっている人が少なからずいます。いっぺん不渡りを食らったら、「その経営者は無責任に手形を切る体質ではないか」とか、「向こうの手形は要注意だ」とか、情勢判断ができるはずです。ところが、銀行で聞いた話ですが、同じ会社が振り出した不渡り手形をなんべんも持ってくる人がいるそうです。「懲《こ》りない面々」なんですね。

32

モラル

《宮崎論語　衛靈公第十五――四〇二》

子貢《しこう》、問《と》うて曰《いは》く、一言《いちげん》にして以《もっ》て終身《しゅうしん》これを行《おこな》うべきものあるか。子曰《しいは》く、其《そ》れ恕《じょ》か。己《おの》れの欲《ほっ》せざる所《ところ》は人《ひと》に施《ほどこ》すことなかれ。

子貢が尋ねた。簡単に一言で一生涯それを行う価値《かち》のあるものがありましょうか。子曰く、それは恕、人の身になることだ。人の身になってみたなら、自分の欲しないことを、人に加えることなどできるものではない。

支配欲が「究極の人間モラル」を妨げる――谷沢

これは『論語』のメインテーマです。同時に、おそらくこれは人間モラルの究極を語っているといってよいでしょう。

人間関係を考える場合、この「恕《じょ》」とイソップの「北風と太陽」の二つを念頭に置いたら、それで十分ではないかと私は考えているぐらいで、それほど重みのある言葉です。

ところが、非常に難儀なことに、本然的な欲望として人間には支配欲というものがあります。支配欲というのは自分以外の人間に対して、自分の力を加えたいという欲のことです。それがこのモラルと対立するのです。

昔から「二人旅はしても三人旅はするな」という教えがありますが、これは三人で旅をすると、二対一になって人間関係が壊れるという警告です。どうして二対一になるのか。それは単に親近感の問題だけではなくて、支配欲が大きくかかわってきます。

たとえば、A、B、Cの三人で旅をしているとき、AとBがくっついてCがはずれたとしましょう。

これはAとBの友人関係が緊密になり、Cが仲間外れになったというのではなく、たいがいはAがBを自分の子分にしているんです。そして、Aは支配できないCを自分の力の及ばざる者として放棄する。これが「二対一の関係」の実態です。本当に対等の友人関係というのはきわめて稀少な存在です。

それは現実に見てもらえばわかります。三人寄れば必ずといっていいほど二対一の関係になり、二のほうは八〇パーセントぐらいの確率でAがBをコントロールするという関係です。「今晩、どの宿へ泊まろうか」というときに、常にAが「ここへ泊まろう」と決めます。今夜はAが決めて、明日の晩はBが決めてというようにはならない。いわば兄貴分と弟分という関係になるわけです。

兄貴分、弟分というときれいだけれども、ありていにいえば支配関係です。支配関係の奥底には、人間の心のどこかに相手の気持ちをぐっと押さえ込むことのできる力の発揮を喜ぶという、どうしようもない欲望がうごめいています。そうなると、「己の欲せざる」ことを、人に押しつけることになる。

「自分のいやなことは相手にしない」とだけ聞いたら、誠に当然至極のことであり、万人が賛成する言葉ですが、実現することがいかに難しいかということを、われわれは真剣に考える必要があります。そのためには、一歩、あるいは半歩退くという姿勢が必要でしょう。

それからもう一つ、人間社会で厄介《やっかい》なことは、そのようにして己の欲せざることを相手にしないという戒律《かいりつ》を守っていると、必然的に「私は努力して、この人と付き合っている」という自惚れが生じることです。そうすると、そこまでいろいろと気を遣っているということを、相手がわかってくれないという不満が出てくる。そこでまた行き違いが生じるのです。

人間はいろいろな紆余曲折《うよきょくせつ》を経て、最終的に辿《たど》り着くのが「恕」であると思いますが、ここへ至るまでは相当の精神修養が必要ですね。

「恕」とは「他人の心の如し」——渡部

聖書にも「汝のやってもらいたいように人になせ」というゴールデン・ルールがあります。西郷南洲《さいごうなんしゅう》は「西洋も東洋も道徳は同じだ」ということを繰り返していっていますが、この点について、私は南洲に同意しません。当時の植民地主義、弱肉強食で進化論的人種論が正しいという時代の西洋の道徳と、日本の道徳とは違います。ただ、「相手の身になって考え、行動する」という道徳律だけは同じですね。それを守るか守らないかは別として、やはりキリスト教も儒教も同じ部分があります。

「恕」という字は、「如」と「心」と書きます。下の「心」は「他人の心」なんですね。つまり、「他人の心の如し」ということです。

多少、昔を憧《あこが》れる気持ちなのかもしれませんが、この「恕」の心だけを柱にして生きていた麗《うるわ》しい女性が、戦前には大勢いたように思います。つまり、人生のプリンシプルを持っているわけでもなく、大した教養もない女の人がいっぱいいたけれども、しかしながらそういう女性の中に人の心を察する名人がいたという感じがする。そして、これは錯覚かもしれませんが、この頃はそういう女性がひどく減ったのではないでしょうか。戦後は自己主張ばかり多くて、「恕」がなくなった女性が多くなったというような印象を受けます。

男がなぜ、小料理屋とかバーにいきたがるかというと、そこが自分の心を察してくれる場所だからでしょうね。数十年続いたバーで「昔はどういう人が主な客だったか」という話を聞いたことがあります。多くは接待をして帰る前にやってくる人だそうです。そして、とまり木に座り、どうということのない話をして帰る。そのときに、バーのマダムは「この人は気を遣って接待してきた帰りだ。くたびれているな」ということがわかるから、とりたてて何をするわけでもない対応をさりげなくする。ただし、議論にならないように注意している。

つまり、お客さんの心になるというだけで、別に味方をしてくれるわけでもない。ただ、客からすれば、自分の気持ちがわかってくれるだけでいいんです。

これが「恕」であり、日本社会におけるカウンセリングだったのでしょう。そのおかげで、とりたてて精神分析医に通って、カウンセリングを受ける必要がなかった。

アメリカでは、皆、エゴが張っていますから、耐えきれなくなってカウンセリングが必要になります。しかし、戦前の日本の女性やすぐれたバーのマダムなどのように、こちらを察して話を聞いてくれる人がアメリカ人の日常生活にいないので、精神分析医にいくのではないかと、私は思っています。

精神分析医にかかったことはありませんが、小説などの本で読んで思うに、精神分析医のカウンセリングは、「いいたいことを、どうぞいってください」という感じで、患者のいうことを聞いているだけです。つまり、精神分析医は「恕」ということができるのでしょう。

そして、バーのマダムも「恕」であり、名妓《めいぎ》も「恕」であるわけです。

仕事と家庭の間に一拍置かないと帰れない、という習性が日本の男にありますが、これは接待などで疲れた自分の心の平静をいったん取り戻して家へ帰るという妻に対する「恕」だということもできるかもしれません。

リラックス・タイムの場所――谷沢

仕事と家庭に一拍置くのは、奥さんが夫の受け手になることをいやがるからです。夜遅く帰ってきた亭主が何かを話す。それは、女房にすればただの愚痴《ぐち》です。眠たいのに愚痴を聞かされるなんて、うっとうしいことときわまりない。

亭主もそのまま帰ったら女房がいやがるのをわかっていますし、女房に自分がいやな表情を見せるということを避けるために、一軒寄るわけです。

狭い間口でカウンターがあるだけ、相当なおばあちゃんが一人いる他は何にもないような貧相《ひんそう》な店があちこちにあります。これは全部接待帰りに寄るリラックス・タイムの場所です。

あるバーのマダムは口が上手なわけでもなく、歌がうまいわけでもなく、極端にいったらそれほど取り柄がある人ではありません。しかし、おっとりしていて、何でも包んでくれる雰囲気がある。それが大事なんですね。

33 過ち

《宮崎論語　衛靈公第十五――四〇八》
子曰《しいは》く、過《あやま》ちて改《あらた》めず、是《こ》れを過《あやま》ちと謂《い》う。

子曰く、自分の間違ったことに気付きながら、あくまで非を通そうという人がある。そこに過失が完成される。

《穂積論語　衛靈公第十五――四〇五》
子《シ》ノタマハク、過《アヤマ》チテ改《アラタ》メザル、コレヲ過《アヤマ》チト謂《イ》フ。

孔子様がおつしやるやう、「過ちは致し方ないが、過つても改めないのが、本當の過ちといふものぢや。」

日本社会でストレートな責任追及は難しい——谷沢

前にもいいましたが、日本では過ちの改め方が難しいんです。住専への公的資金充当を明言した武村正義《たけむらまさよし》の処遇で、日本的解決法というものを、改めて勉強させられました。武村は政界の寝業師《ねわざし》として有能かもしれませんが、経済、金融は何にもわからなかった。だから、大蔵官僚の書いた文言《もんごん》を復唱して、「住専に公費を充当しなければ、日本の金融界は目茶滅茶になり、国際的な信用をなくす」といった。しかし、現在、日本の金融界は目茶滅茶になっていないし、国際的信用も失墜していない。あの発言は嘘八百の脅迫、恫喝《どうかつ》であったわけです。

すぐにばれる嘘をいっても平気でいる。それほど、大蔵官僚は日本国民をなめていたし、馬鹿にしていた。そして、その大蔵官僚の言いなりになった武村が、大蔵大臣として日本国民を恫喝したわけです。ところが、そのことに対して、だれも表立って「武村はけしからん」とはいわなかった。ついに鳩山由紀夫《はとやまゆきお》が新党結成において武村に来てもらったら困るといい、「ノー」をつきつける形で、初めてお灸《きゆう》をすえました。

鳩山が武村を拒否した理由——住専処理の暗いイメージがあるということです——はさすがに新聞もすぐ書きましたが、日本の責任の取り方というのは、ぐるぐるぐると三べん回って「わん」なんです。ストレートに責任を追及したりはしない。つくづく、日本の国は難しいと思いました。私のような直接的論法を用いる人間は、問題外にされるのです。

もっとも、直接的にいうことがまったく無視されているわけではないのが救いです。広島県の奥に三次《みよし》という盆地がありますが、先日、そこの税理士から電話がかかってきました。彼はたまたま用事があって町へ出たときに、渡部さんと私が住専処理について語った『誰が国賊《こくぞく》か』（クレスト社）を買った。その日のうちに読んで講演依頼の受話器を取ったのだそうです。「遠方で誠に申し訳ないが、自分が会計を見ている二百五十社ぐらいが集まる総会があり、その総会でどうしてもあなたの講演を聞かせたい」といわれたら、行かざるを得ません。

広島から三次まで時間はそれほどかからないけれども、タクシーでいくとけっこうなお金がかかります。メーターを見たら二万二千円、往復四万四千円でした。それでも私を呼んでくれたわけです。

過ちを認め、改めることを避ける性質――渡部

最近の大事件では、やはり住専問題ですね。谷沢さんは『誰が国賊か』で特に明快になさったのだけれども、結局、過ちを改めることなく、国会はそのまま住専法案を通した。

そんなことをしていたら、官僚は口を拭《ぬぐ》って、過ちを何度でも繰り返します。

負けた戦争の話をするのは気が重いのですが、過去の例でいえば大東亜戦争においても過ちを改めないということがたくさんありました。たとえば、特攻にしても、対空砲射が厳しくて飛行機の消耗度が高いことは、何度かやればわかるはずです。突っ込ませたところで無駄だということを学ばなかったのは、過ちを認め、改めないという性質があったからでしょう。「いけ」と命令するほうは、自分が死ぬわけではないという一面があったのかもしれません。のちに責任を感じて切腹した人はいましたが、それは例外でしょう。

本当は、過ちを正す仕事を新聞がやらなければならない。アメリカでは独立の頃から新聞が重視されました。なぜかというと、過ちを突く機能を高く買われたからです。ところが日本に来たアメリカの占領軍は、日本の新聞に連合軍のマイナス面を決して書かせなかった。そのクセがついたというべきか、真実を暴《あば》き、過ちを正させる機能を持つ社会の木鐸《ぼくたく》たるべき新聞が、日本では過ちを隠すほうに使われている。このことは谷沢さんが『Voice』(PHP研究所、平成八年十月号)の「巻末御免」で指摘していますね。総量規制を出したときの大蔵省銀行局長・土田正顕《つちだまさあき》が国民金融公庫副総裁を辞任したとき、五大紙のほとんどが辞職の理由まで追及せず、日経がわずかに伝聞の形で、総量規制からノンバンクがはずれ、大量の不良債権を抱える一因となったと書いているだけだった。しかし、その日経さえも腰が引けている。「日本の新聞は官僚を論評しない」という言葉で締めくくっていますが、まさにそのとおりです。

個人ならば、過ちを改めない者は「あいつは馬鹿だ」で済むのですが、国家の中枢がそういう人たちに牛耳《ぎゅうじ》られているのは恐ろしいことです。

陸軍、海軍なきあと、残った災いはエリート官僚集団——谷沢

軍人で切腹したのはよほどの例外でしたね。要するに、戦前は、陸軍エリート、海軍エリート、第I種試験エリートが、日本を占領していたんです。そして、「この仲間では、絶対に過ちを認めないことにしよう」という組織成立の不文律があった。現在は陸軍と海軍がなくなりましたが、官僚が残っています。これからの日本を明瞭にするためには、そのエリート官僚の「一切改めない」という方針をどうにかしてつぶす必要があります。そのための一つの手段として、これからもどんどん彼らの過ちを指摘し続けなければならないでしょうね。

34

好学

《宮崎論語　衛靈公第十五――四〇九》
子曰《しいは》く、吾《わ》れ嘗《かつ》て終日《しゅうじつ》食《く》らわず、終夜《しゅうや》寢《い》ねずして、以《もっ》て思《おも》うも益《えき》なし。學《まな》ぶに如《し》かざるなり。

子曰く、私の若い時、一日中食うことを忘れ、一晩中寢ることをやめて、思索に耽ったが、結局得るところがなかった。そして實事の中に學問があると悟った。

《穂積論語　衛靈公第十五――四〇六》
子《シ》ノタマハク、ワレカツテ終日《シユウジツ》食《クラ》ハズ終夜《シユウヤ》寢《イ》ネズ、以《モッ》テ思《オモ》フ。益無《エキナ》シ。學《マナ》ブニ如《シ》カズ。

孔子様がおつしやるやう、「わしは前方《まえかた》、一日飯も食はず、一晩マンジリともせずに考へたが、得る所がなかつた。學ぶに限る。」

「フレッシュな材料」を集めて考える——谷沢

これは物を学ぶことの真髄《しんずい》を示している言葉で、よい材料を持たずにいくら考えても役に立たないということです。

つまり、自分の意見、自分の考えを組み立てるにはフレッシュな材料が必要であるというわけです。

ここで私は「フレッシュ」というところに重点を置きたいと思います。そこらの大学で見かけるタイプとして、よく勉強しているけれども、自分の思い込みに合う材料だけを集める人がいます。それでは十年やっていても同じ結論しか出てこないし、自己満足が増大するだけです。

わかっていること、知っていることだけで考えても得ることはない。結局、人間の考え方は材料次第で左右されるのです。だからこそ、できあがっている自分の思考構造に衝突する質の違う材料が問題だと思います。

また、百年前から決まりきったテキストを学ぶことは、百年前の常識、百年前の固定観念をそのまま自分の頭へ植えつけることになります。だから、それを修正増補《ぞうほ》するために、いま自分が学んでいることと異質の材料を手元に引き寄せる気持ちは、常に必要なのではないでしょうか。

博《ひろ》く学ぶために雑書を読む――渡部

「終日食ハズ終夜寝ネズ」というのは強調の表現でしょう。つまり、いくら考えたところで、考えるだけではどうにもならないということをいっているのだと思います。同時に、それは「罔《くら》く」「殆《あやう》い」のであり、いちばんいいのは博《ひろ》く学ぶこと、すなわち谷沢さんの言葉でいえば、フレッシュな材料をどんどん入れて考えるということになります。

だから、「君子《クンシ》博《ヒロ》ク文《ブン》ヲ學《マナ》ビ」（雍也第六――一四四）「博《ヒロ》ク學《マナ》ビテ篤《アツ》ク志《ココロザ》シ」（子張第十九――四七四）の「博ク」というのは、学ぶための必要条件です。それをしないでいると、学んで「固」（學而第一――八）になってしまう。伊藤俊輔《いとうしゅんすけ》が「博文」という名前を選んだのは、国のリーダーとしての心得が、この点にあると思ったからでしょう。

われわれは「學ブニ如カズ」でやってきましたが、あれこれいいながら、絶えず新しい本を読み、新しい情報に接しようと努力したことはたしかです。雑書《ざつしょ》を読むことはその一つであるわけですが、これはいわゆる「読書」ではない。しかし、雑書を読む意味は「読書」

でないところが重要で、これは「博く学ぶ」に通ずる道なのです。つまり、古典文学大系はどう料理しても変わらない決まった材料ですが、雑書は何が書いてあるかわからないという点で、フレッシュな材料と可能性が大いにあるのです。

たとえば、『論語』を「雑書」として私は読みました。雑書ですから、「穂積論語」というポピュラーな物から通読したわけです。

『論語』を雑書といってしまうと誤解されるかもしれませんが、それは価値が低いといっているのではありません。英語学という私の専門からいえば、専門書ではないという意味です。読まなくても、だれも文句はいいません。そういう意味で雑書というのです。

雑書として『論語』を読む——谷沢

おっしゃるように、『論語』は雑書を読むというつもりで読めばいいでしょうね。いちばん危険なのは、読む前から「神聖なるテキスト」と位置づけ、崇《あが》め奉《たてまつ》ることです。

私も雑書として『論語』を読みました。私の専門は国文学ですが、「国文学の研究をやるについては『論語』を読んだほうがいい」と思って読む場合は、雑書読みではなくなります。しかし、私はそう思って『論語』を読んだのではありません。とにかく本が好きな私が、思いつきで手をのばした中の一冊です。だから、E・S・ガードナーの「ペリー・メイスン」

シリーズに手をのばすのと同じ精神で、『論語』に手をのばしたといえるでしょう。そういう気持ちで『論語』にあたるのが普通の読み方であり、皆さんにもお勧めしたい読み方です。

35 友人

《宮崎論語　季氏第十六——四二四》

孔子《こうし》曰《いは》く、益《えき》する者《もの》に三友《さんゆう》あり、損《そん》する者《もの》に三友《さんゆう》あり。直《なお》きを友《とも》とし、諒《まこと》あるを友《とも》とし、多聞《たぶん》を友《とも》とするは益《えき》なり。便辟《べんぺき》を友《とも》とし、善柔《ぜんじゅう》を友《とも》とし、便佞《べんねい》を友《とも》とするは損《そん》なり。

孔子曰く、益ある友人に三種類、損する友人に三種類ある。正直な友人、篤實な友人、物知りの友人は益がある。責任を回避する人、反對をしない人、口先きだけが達者な人は、友人にすると損をする。

よい耳学問と悪い耳学問——谷沢

ここで「正直な友人」とありますが、原文は「直き」となっています。これは羊を盗んだ者に関する葉公《しょうこう》と孔子のやり取り（子路第十三――三二〇。179〜180ページ参照）に出てくる「直き」です。だから、正直よりもっと広い意味でしょう。つまり、その人の考え方が人情に即していて、無理がないという性質をいっているのだと思います。

それから「諒ある」というのは、要するに裏切らない人のことでしょう。「多聞」はたくさん物を聞いて知っているということです。現代風に砕いていえば、「話題の豊富な人」となります。

以上の三つの特徴のある人が友人としていい。これは名言だと思います。

この中でも「多聞」というのが面白いですね。これを耳学問をした人というふうに解釈できると思いますが、耳学問というのはたいへん貴重なものです。

ただ、耳学問はやり方によって問題が出てきます。かつて桑原武夫《くわばらたけお》が京大人文研で共同研究をすると言い出したとき、それがまるで学問の新しい形態であるかのようにジャーナリズムがはやしたてたことがありました。しかし、何の成果もあがっていない。そのとき、「共同研究」の横に「みみがくもん」というふりがなを振ることを私は提唱したんです。これは悪い意味での耳学問という意味で使ったのですが、人文研の共同研究とは情報のつまみぐい、発展性のない情報収集だったからです。

たとえば、ルソー研究をするとしましょう。すると、「あなたはルソーの政治論」「あなたはルソーの女性論」というふうに振り分ける。そして、政治論を担当する者はルソー全集の政治に関して書いているところだけを読んでカードにし、「ルソーは政治について、こういっている」と発表する。それに桑原武夫がコメントを付けていく。これが「共同研究」でした。ただ、桑原武夫はそういうことを瞬時に理解し、良いコメントを与える才能のある人だったからまだましだったのですが、桑原武夫がリタイアしたあとは目もあてられないものになりました。

実際、石橋湛山《いしばしたんざん》の『東洋経済新報』を研究した共同研究の本を見ると、ひどいものです。『東洋経済新報』は膨大な量がありますので、社会欄、経済欄等、すべてメンバーが分担している。そこではだれ一人、『東洋経済新報』を通読した人がいないから、『東洋経済新報』が月に三回、どういう編成であって、石橋湛山のエッセイがどこに載っていて、それはどんな大きさの活字であったかという臨場感がまったくない。こんなものは研究と認められません。調査とでもいうべき代物《しろもの》です。

耳学問には二通りあって、聞いただけで終わる人は駄目です。逆に、耳学問に刺激を受けて、自分の中で発展させることができれば、非常に貴重なものとなります。たとえば、渡部さんから「呉善花《オソンファ》という人が面白い」と聞いたとしましょう。そのあとで私が別の人に「呉善花は面白いらしいよ」といってお終《しま》いになる。これが駄目な耳学問です。一方、渡部さんが面白いといっている以上は一読に値するというふうにとらえて、『スカートの風』（三交社）などの著書を読んで自分で確かめる。

そういう耳学問が本物です。

つまり、情報を耳から得て、口から出すだけでは駄目で、情報を自分の血肉化するために努力をすることが大切なのです。耳学問というのは一つの入口ですね。

「多聞の友」というのは、そういうふうにどんどんインスパイアしてくれる人のことでしょう。単に物知りというだけではないと思います。

耳学問はありがたい——渡部

耳学問はありがたいと思います。たとえば、私はつい半月前まで、保田與重郎《やすだよじゅうろう》に対して誤解していました。彼は筆を折ったと思っていたのです。ところが、保田與重郎全集を出した人と食事をしたときに、「祖国」というものに書いていたことを知り、今回の対談で谷沢さんから「ミニコミのようなものに書いていた」と聞いて、「祖国」というものがミニコミのようなものだったと認識が深まったわけです。耳学問をしなかったら、これは間違ったままです。

それから、「善柔」を「反對をしない」という宮崎訳はすばらしいですね。普通はもっとありふれた訳になってしまうが、これは非常にいい訳です。

36

習慣

《穂積論語　陽貨第十七――四三三》

子《シ》ノタマハク、性相近《セイアイチカ》シ、習《ナラ》ヒ相遠《アイトオ》シ。

孔子様がおつしやるやう、「人間の生れ得た本性は大體似たり寄つたりの近いものだが、其後の習慣教養で善惡賢愚の遠いへだたりが出來る。心すべきは環境と教育ぢや。」

いい習慣はいい人生をもたらす――渡部

これをそのとおり訳せば、「生まれた人間の差なんか、そうあるものではないけれども、その後の習慣、教養で非常に大きな差が出る」ということです。

なぜ、これを取り上げたかといいますと、かつてイギリスやアメリカで「習慣論」の非常に盛んな時代があったのです。それはイギリスが興り、アメリカが栄えた頃です。

おそらくピューリタン系統の教育理念だったと思うのですが、とにかくいい習慣をつけなければ駄目だというのです。一回いいことをすれば、次にやるときはいいことが少しやりやすくなり、三回目にはもっとやりやすくなる。その繰り返しによって立派な人になる。逆に、悪いことも一回やると、はじめは抵抗感があるけれども、二度目にはやりやすくなり、三回目はもっとやりやすくなるという循環で、人間がどんどん悪くなる。こういう考え方で、習慣を非常に強く重んじたのです。

ヨーロッパ大陸では、カール・ヒルティも『幸福論』で「習慣」に一章を割いて、いい習慣をつけることに言及しています。キリスト教の教えを急にやろうとしてもできるものではないが、習慣によってできるようになる。習慣が人間なのだというわけです。

いい時代のいい教訓というのは、だいたい習慣論に分類されるものといっていいでしょう。この頃、日本ではあまり習慣論が説かれません。だから私はこれを取り上げたのです。

いい習慣を子供のときからつけた人とつけなかった人、この差は大きくなります。たとえば、子供が朝、起きてきたとき、「おはようございます」と親にいう習慣がついたら、家庭内暴力はあまり起こらないのではないかと思うのです。この頃は茶髪《ちゃぱつ》にして、乳房にピアスをつけたり、刺青《いれずみ》をするのが流行っているらしいけれども、女の子は家に早く帰るという習慣をつけたら、そんな女の子にはならないでしょうね。

また、父親を尊敬するということを、母親が態度で見せて習慣にしておけばいいんです。父親の権威を立てないために、どれぐらいの家庭で不幸が起こっていることか。「お父さんは偉いんだ」と母親が子供たちに少しでも仰ぎ見させる癖《くせ》をつけておくと、いざ非行に走る段に、親父がガンといえば終わるんです。「お父さんは駄目な人。あんな真似しては駄目」などといっていたら、本当に駄目になる。

勉強するのも習慣ですし、論文を書くのも習慣、本を作るのも習慣、それから口述することにしても習慣の持つ影響は大きい。私が最初に口述で本を作ったのはいまから三十年ぐらい前の『知的風景の中の女性』（改題して『いまを生きる心の技術』、講談社学術文庫）でした。あのときは非常につらかったのを覚えています。三日間、朝九時頃に主婦の友社がハイヤーを回してくれて、食事と昼休みをはさんでしゃべり続け、午後四時か五時頃に帰るという生活を続けた。そのときは本当にくたびれて、頭が空っぽになったという気がしました。ところが、その後、しばしば口述をやって習慣ができたら、つらくなくなったんです。先日、谷沢さんとの対談で作った『誰が国賊《こくぞく》か』は、「at one sitting」でした。つまり、一座りでできた。トイレにいった以外は、特に食事時間もとらずにサンドウィッチをつまみながらで済ませ、それでいて三百ページぐらいある本になり、七、八万部ほど売れる内容になった。あんなことを昔はできませんでした。

われわれのように相当な歳になっても習慣はつくんです。いわんや若いうちからいい習慣をつけたら、どれほどプラスになるか、ということですね。習慣にしてしまえば、すべてが楽になります。たとえば、仕事をする習慣がつけば、仕事をすることが苦労ではないんです。

ただ、習慣というのはプラスとマイナスがありますので、悪い習慣のほうは避けないといけません。たとえば、テレビのバカげた番組を見るというのも、「悪い習慣」と思わなければいけない。無意味な時間をつぶすことが癖になるからです。

一回やると、同種のことは次にやりやすくなる。そのうちに固まってしまって、そこから出られなくなる。その出られなくなったところが「いいところ」なのか「悪いところ」なのかの差は大きいと、肝に銘じておく必要があるでしょうね。

人間は習慣でできあがっている――谷沢

人間というのは習慣でできあがっているといっていいでしょうね。

ある人が賢いという評判が出ると「お母さんが偉かったんだ」といわれますが、子供に習慣をつける最後の決め手、習慣をつける責任者は母親です。父親も多少は参画できるで

ますね。母親は最初、密着していますが、決定的な影響力を持っているのはやはり母親ですね。母親は最初、密着してい

ます。最初の密着というのが習慣をつける大事な要素です。

私も最初の口述はなかなかできませんでした。最初の本はＰＨＰ研究所から出した『人間通でなければ生きられない』で、たしか最低四日はかかったと思います。担当の編集者がずっと私についていたのをよく覚えています。

37 知 識

《穂積論語　陽貨第十七——四四五》
子《シ》ノタマハク、道《ミチ》ニ聴《キ》キテ塗《ミチ》ニ説《ト》クハ、徳《トク》ヲコレ棄《ス》ツルナリ。

孔子様のおつしやるやう、「今途中で聴いた事をすぐそのまま途中で話してそれきりかけ流しにするやうでは、せつかく善い事を聞いても、身に附かず心の養ひにならぬ。これは全く徳を棄てるといふものぢや。聴いた事をトツクリと玩味《がんみ》し善いと思つたら實踐せよ。」

知識は使うと減るものである——渡部

「道ニ聴キテ塗ニ説ク」というのは、努力もしないで得た知識を偉そうに振り回すことであり、それが道義に反するということです。要するに、自分の身につかないこと、自分がやったことでもないことを自分のものにしてはいけないという注意です。

簡単にいうと、剽窃《ひょうせつ》するなといっているわけですが、実際、世の中には剽窃が多いですね。とりわけテレビなどは道聴塗説《どうちょうとせつ》が許されるからいっそう困るのですが、しかし物書きが道聴塗説をやったらたいへんなことになります。

道聴塗説に繋《つな》がるのではないかということで思い出したのは、本間祐介《ほんまゆうすけ》という人の言葉です。若い頃、私は酒田の本間家と鶴岡の酒井家の共同出資の奨学金をもらっていたのですが、戦後、その本間家を支えたのが本間祐介という人でした。

私たち学生が何人かで本間家におじゃました折に、本間さんが「知識というものは使うと減るものらしいね」といったことがあります。何かいいことを思いついたり、あるいはいいことを読んだりする。それを一回使うならいいが、同じように二度、三度と使っていると、どんどん減っていくと、彼はいった。そのときは「変な言い方だな」と思ったのですが、いまになって考えると、いわんとしたことがよくわかります。同じ知識を繰り返して使うと、たしかにパワーが落ちるんです。いわんや人から聞いた話を口写ししていれば、どんどんパワーが落ちる。だから、道聴塗説はパワーを落とすことであると、私なりに感じたことがありました。

われわれの世界に引きあてれば、道聴塗説というのはどこかから聞いてきたのを書いているだけという、単なるブックメーカーのことですね。ブックメーカーということでは、島影盟《しまかげちかい》という人の読書論の本がそうです。この人は何をやっているのだろうと考えてみたら、それしか書いていなかった。彼が読書家であるというそのほかの証明はないようであり、詰まるところ、その本はさまざまな読書論から集めただけのもの。まさに道聴塗説であったのです。田中菊雄《たなかきくお》（編集部注：英語学者。著書に『現代読書法』〈一九四八年〉がある）の読書論との違いは、そこにあると感じたことがありました。こういう人をわれわれは見抜かなければいけませんね。

話に「体温が出ているボキャブラリー」があるか——谷沢

テレビには仕方のない面がありますが、表現法を変え、少なくともだれかがいったとおりのことはいわないぐらいの配慮はテレビでも必要でしょう。ただ、それでも大きくいえば道聴塗説になるでしょうが。

また、おっしゃるように、相手のいうことが道聴塗説の類であるかどうかを嗅《か》ぎ分ける能力は、一人一人に必要ですね。これは言葉による表現だろうが、文章であろうが、よく聞けば、あるいはよく読めばわかるはずです。その人の体温が出ているボキャブラリーが必ず混じっている場合と、すべてがレディメイドの場合とでは、違いがはっきり出ているものです。

明治、大正、昭和の初期は道聴塗説の類の氾濫《はんらん》期でした。無意味なブックメーカーの本が多数出版されています。それから、昔から「床屋政談《とこやせいだん》」といって、巷《ちまた》の論議は道聴塗説のコンクールでしたが、いまは講演屋さんがそれをやっていますね。噂《うわさ》に聞くと、ぞっとするようなことをやっている人がいます。ある評論家はいい加減なことをいいっぱなしで、しかもその内容は同じことばかり、十年間、バナナの叩き売りのように繰り返しているのだそうです。こういう人の話を聞いて、「道聴塗説」と見抜く力がないと、無責任な言動に振り回されてつまらない思いをします。

日に新たにやっていく心構え——渡部

田舎にいたときは、ずいぶん道聴塗説の人がいたことを思い出しました。新聞を読んだぐらいで、偉そうなことをいっている人がけっこういました。そんなことをやっていると、本質的なことがなくなる。それを孔子は「徳を失う」といったわけです。

講演はずいぶんひどいものがあるようですね。本間祐介の言葉にあるように、知識は一回使うと減ると思わなければいけません。あるネタで十回講演したら、十分の一の内容になると覚悟すべきでしょう。一つのネタを十年間使えばなくなっています。これは講演に限ったことではなく、書くことにおいてもいえます。だから、われわれは日に新たに、日にまた新たにやっていく心構えを持つ必要があるんですね。

38

博打

《宮崎論語　陽貨第十七——四五六》

子曰《しいは》く、飽食《ほうしょく》して日《ひ》を終《お》え、心《こころ》を用《もち》うる所《ところ》なし。難《かた》いかな。博奕《ばくえき》なるものあらずや。これを為《な》すは猶《な》お已《や》むに賢《まさ》れり。

子曰く、腹いっぱい食べて一日中、頭を働かせることのない人は、問題にもならぬ人間だ。博奕などという勝負ごとの遊戯《ゆうぎ》があるだろう。あれをしてでも遊ぶほうが、まだ何もしないよりはましだろうな。

飽食無為は博打よりも悪い——谷沢

これは孔子の言葉のなかできわめて珍しいもので、博打《ばくち》を奨励したという一節です。何にも知らない人に「『論語』のなかには博打を奨励している章がありますよ」といったら、皆、びっくりするでしょうね。こういうところがあるから、孔子は何ともいえない懐《ふところ》の深さを感じさせます。

もちろん、孔子は博打をどんどんやれと奨励したわけではありません。もちろん、賭博《とばく》が褒《ほ》めたものではないということは、孔子も百も承知です。しかし、それよりもっと悪いのは飽食無為であり、飽食無為に比べれば、道徳的にはいかがなものかと思われるけれども、賭博のほうがましだという相対論で考えている。

そこには、絶対的に賭博がよろしくないというような固定観念がありません。孔子という人は非常にフレキシブルなんです。

賭博はそれほど非難すべきものではないと、私などは思っています。実際、何もしないよりマージャンをしたほうがはるかに知能を錬磨《れんま》するではないですか。もし、賭博を絶対悪だとするなら、競馬だっていけないはずです。日本では競馬が国営賭博になっていますが、すごい人気ですね。全国に競馬場がありますし、日本ダービーで十八万人が入っている。東京ドームが満員御礼で五万人、国技館が七千人です。このすごさはどうでしょう。

非常に不公平だと思うのは、競馬が許されている一方で、高校野球で賭けているのは取り締まりにあうことです。青少年が汗を流してやっていることを賭け事にするのは何事かという精神でしょうが、それなら馬が一所懸命走っているのを賭け事にするのはどうなのか、ということになる。対象はどうでもいいことでしょう。

博打にかける歯止め――渡部

聖人が「博打でもやったほうがいいのではないか」といってしまうのはすごいですね。そこには奥行きがあって、人生そのもののような感じがしてくる。この辺が孔子の面白いところです。

これはあたかも、清朝《しんちょう》末期に阿片《あへん》を喫《の》むよりは博打をしたほうがいいという、阿片を戒めたるが如き一文ですね。飽食して何もしないでいるとフワーッとした感じになり、これは阿片を吸った感じに近いそうです。王様、王妃、貴族というクラスには馬鹿で豚《ぶた》みたいな人間がいたので、おそらく孔子はそういう飽食無為の階級を憎んだのでしょう。

日本の賭博ではパチンコが二十兆円産業とか三十兆円産業といわれています。もっと然るべき賭博があってもいいと、私も思います。

ただ、底なしになっては困りますから、何らかの歯止めは必要でしょう。たとえば、賭博で損した人間に対して、儲けたほうの請求権がないというのが一案です。昔、どこかの殿様が博打を許し、その代わりに負けた者が金を払わなくても無理に取ってはいけないとした。そうすると、負けて払えなければ二度と博打に参加させてもらえないからいいのだ、という考えですね。

タキトゥスの本には、「ゲルマン人はすべて賭博にしてしまう」というようなことが書いてあります。いまでもイギリスでは何でも賭けにするようですが、そういう民族はわりと元気がありますね。

39

藝

《穂積論語　子張第十九——四七二》

子夏《シカ》イハク、小道《ショウドウ》ト雖《イエド》モ必《カナラ》ズ観《ミ》ルベキモノ有《ア》リ。遠《トオ》キヲ致《イタ》スニハ恐《オソ》ラクハ泥《ナズ》マン。コレヲ以《モッ》テ君子《クンシ》ハ爲《ナ》サザルナリ。

子夏の言ふやう、「一技一藝の小さい道にもそれぞれ取り得はあるが、遠大なる聖人の道を成就《じょうじゅ》せんことを志す者としては、さやうの末技にたづさはると、それに引つかかつて大成を妨げる心配があるから、君子はそれをせぬのである。」

多藝は好ましくない——渡部

人にはそれぞれ取り柄がある。しかし、小道——つまらない一藝のことだと思いますが——に一所懸命になっていると、大きなことをやらなくなる。だから、君子は小さなことをあまりやらない。そういう意味ですが、これは『徒然草《つれづれぐさ》』の一節を連想して選びました。『徒然草』に次のような話があります。法師になろうと心がけた人がいた。法師になったら檀家《だんか》に招かれることがあるだろう。そのときは馬に乗れなければならない。宴会に出る必要があるだろう。そのときは小唄も唄えなければならない。そこで乗馬の練習をしたり、小唄の練習をしたり、酒を呑む練習をしたりで、お経を読む暇がなかった……。

学生の頃、私はこのことを考えました。まわりを見ると、いろいろなことに器用な友人がいました。テニスがうまい者、女の子にもてる者、カンツォーネが歌える者など、皆、うらやましい。しかし、『論語』に「必ズ観ルベキモノ有リ」と書いてあるとおり、それはそれでいいと思いました。そして、自分には英語学者になろうという、その時期においては遠い志があったから、「遠キヲ致スニハ」とあるようにあえて遠ざかったんです。そういう思い出があります。

あまり多藝なのは好ましくないのかもしれません。その一例として、学生時代に私と同じ部屋にいた大阪出身の友人の話をしておきたいと思います。彼は三味線がうまくて、歌がうまくて、落語の真似が上手でした。皆に愛されて、いい男だった。家は戦争で焼けたが、戦前は藝者の出入りする料亭の家の息子で、「自分も将来、藝者の出入りする料亭の亭主になりたい」といっていました。「遠きにある大きな志」というにはなじまないかもしれないけれども、一応、将来への志があったわけです。しかし、彼は落第して学校を辞めました。それから四十年ぐらい経ち、ロイヤルホテルで私が講演をしたときに、彼と再会したんです。「おわかりになりますか」と声をかける人がいるので見ると、料亭の亭主になりたいといっていた彼だった。結局、あれだけいろいろなことができたけれども、六十歳に近い年でまだボーイでした。

このときに「いろいろなことに器用だということは何にもならない。やはり論語にあったのは本当だ」と思いました。料亭の亭主になりたかったならば、やるべき大筋が他にあったのではないか。彼は経済学部にいましたから、きちんと勉強して経済学部を出て、銀行の信用を得るような職業に就き、それから料亭の亭主に転身するというのも一つの道でしょう。しかし、彼はアルバイトから入ったような形になったから、経営者としての土台を築いていなかったわけです。落語もうまかったので、料亭の亭主になったら面白かっただろうと残念な気がします。

自分の道を絞る――谷沢

それは器用貧乏というタイプですね。器用貧乏の人は、一つのことに執着することがないという面があります。つまり、腰が落ちつかないんです。それから、浅薄な虚栄心が強い。「これもできる」「これもできる」となれば、「天晴《あっぱ》れじゃないか」とほめられ、皆からもてはやされる。そこで浅薄な虚栄心が満足するわけです。

また、器用貧乏の連中は、一つ一つの藝、あるいは技能が自分にとってどんなプラスになるかという計算だけはしない。できることが嬉《うれ》しいわけです。

そうはいっても、生まれつき多藝な人はいます。そういう人が自分の取り柄をつぶして生きるのではつまらない。では、どうするか。藝を隠すんです。それから、若いときに多藝であることは将来に無限の可能性を秘めていますから、それはそれで結構なのですが、ある時期にどこかに自分の道はこれだと絞らないといけません。それを絞りそこねた人は駄目ですね。

40

持続

《宮崎論語　子張第十九――四七七》
子夏《しか》曰《いは》く、博《ひろ》く學《まな》んで篤《あつ》く志《こころざ》し、切《せつ》に問《と》いて近《ちか》く思《おも》う。仁《じん》、其《そ》の中《うち》に在《あ》り。

子夏曰く、博く學んで熱心に理想を追い、切實な疑問を捕えて自身のこととして思索をこらす。學問の目的とする仁は、その中から自然に現れてくる。

人生は持続力が大切だ――谷沢

ここでいっていることは同義反復と考えていいでしょう。要するに、一所懸命に疑問を持って、一所懸命に勉強しろということです。より深くとらえれば、「諦《あきら》めないでやり続けろ」「人生は持続力が大切だ」と教えているように私は思います。

それから、「切に問いて」も大切です。これは問題意識のことです。

本書で渡部さんと私がいったことは、われわれなりに問い、近くを思ったことによって生まれたものです。だから、それを「『論語』の曲解である」と世間の人からいわれても、一向に差し支えありません。

「私はこう考えました」という点において、私は動じないつもりです。それは他の人でもいえることで、自分なりの問題意識で『論語』を読んで得た見方・考え方が従来の解説書と異なっていたとしても、頭から「自分の読み方が間違っている」と考える必要はないと思います。

人生の書としての『論語』――渡部

これは学問の大道ですね。

われわれがここで『論語』を語っているのは、われわれの体験をあてて考えたことであり、われわれが常に問題意識を持って問いかけたことの成果です。

孔子が「そんな意味でいったのではない」とおっしゃるかどうかはわかりませんが、少なくともわれわれはわれわれなりに切に思い、自分の体験をぶつけながら考えたのです。

だから、これは人生の書として『論語』を読み、人生の書として『論語』を語っている。自分の体験がなく、字をほじくりまわしている、いわゆる「腐れ儒者」の『論語』とは違っているのではないか、と思っています。

エピローグ　心に住む『論語』

古典中の古典『論語』――谷沢

一直線で何の艱難《かんなん》もなく過ごすという人生は不幸です。ジグザグと曲がりくねっていて――そのジグザグに振り回されるばかりの人もいるけれども――、それをどういうふうに自分で処理していくかというところに人生の喜びがある。だから、『論語』には体系がないわけです。それを無理に体系づけようとした人もいましたが、体系のないところが、『論語』の『論語』たる所以《ゆえん》です。

思い返せば、『論語』と私の付き合いもジグザグと曲がりくねったものでした。私の一生を左右したのは、学校制度にまったく適応できなかったことです。『雑書放蕩記』（新潮社）で書きましたが、どうやら私は生まれつき物学びが苦手のようです。「学ぶ」ということは「まねぶ」（真似ぶ）のですから、だれかに教わる作業です。それがうまくできません。「こうするんですよ」と、手を取って教わることを受け付けない体質なのです。そういうねじ曲がった性格でしたので、学校の先生が教えてくれることもそのとおりに受け取れませんでした。必ず何らかの拒絶反応を呈していた。だから、形式上は何とか学校を出ましたけれども、実質上は学校を出ていない。卒業免状だけは持っていても、いわゆるコースをきちんと修了していないのです。

そういう性格の特徴として、説教がましいことは嫌いということがあります。そして、不幸にして、私の接した『論語』の注釈、あるいは断片は、ことごとく説教調でした。とにかく、孔子先生が「何々であるぞ」「何々すべきだ」と訓戒《くんかい》を垂れているのだから、好きになるはずはありません。

しかも、私は根性において遊び人です。『論語』のなかから博打の項を出して喜んでいるのは、そのあらわれです。要するに、何か自分の好きなことを遊びとしてやって、一生を通したかった。幸いにして、学問が私の遊びになり、それがうまくいったわけですが、そういう人間ですから、なおさらのこと説教調、訓戒調が嫌いでした。同時に、人生論も嫌いでした。いま人生論を書いている人間がこんなことをいうのは矛盾このうえないのですが、若い頃は人生論的な本を読んだことがなかった。岩波新書の最初に武者小路実篤《むしゃのこうじさねあつ》の『人生論』が入っていますが、そういうものは見ただけでいやでした。

少なくとも三十歳ぐらいまで、それが私の性格でした。三十歳を過ぎてから、だいぶおとなしくなったつもりでいるのですが、それまでは本当にとげとげした性格だった。そういう折れて曲がった体質だったことが、私と『論語』を隔てていました。それが三十歳を過ぎて、『論語』とだんだんに和解していったのです。

といっても、和解の道のりもなだらかなものではありませんでした。「吉川論語」を読み、岩波文庫の「金谷論語」も読みました。『論語』というものは血肉化しないといけないと思っていたので、何度も読み返した。しかし、どうしてもぴたっと私の気持ちに合うとは思えなかった。それは『論語』が「優れた人間になるために、鋭意努力し修養せよ」といっているためです。これが私には耐えられなかったのです。

私は三十歳ぐらいまで、「優れた人間になろう」「世に聞こえる人間になろう」という真っ当な意味での向上意欲がなかったせいもあります。遊び人であり、ぐうたらな本読みでした。そのぐうたらな本読みに対して、「修養しなさい」「努力しなさい」「勉強しなさい」「努めなさい」と来られると、「堪忍《かんにん》してくれ」となってしまうんです。

そういう私でしたから、『論語』と和解するのに、人と比べてものすごく時間がかかりました。それでもだんだん私も気持ちが柔らかくなり、『論語』と近寄っていって、最後の仕上げとして、「宮崎論語」が出てきた。すると、すべてが逆転したのです。それまで『論語』に対しては抵抗感、反発感、拒絶反応というマイナスのものしか感じなかったのが、今度はプラスのものばかりになりました。私は人変わりしたように、『論語』がわかるようになった。宮崎市定が説教調でなく訳してくれたので、やっと『論語』というものを知ることができたのです。

こうして振り返ると、明治以後、あまりにも説教調に訳されている日本語訳の『論語』に対して、何らかの違和感を持った人は他にもいるのではないかという気もします。そして、本来、『論語』は親しみやすく、われわれの血肉に入るものであるはずなのに、近代日本人が『論語』というものと本当に肝胆《かんたん》相照らす仲になるまで、かなり時間を要したのではないか、私はその一つのサンプルのようなものではないか、という思いも抱いています。「宮崎論語」を読んで、やっと伊藤仁斎《いとうじんさい》が「最上至極宇宙第一の書」といった意味がわかり、『論語』の一つ一つがよく理解できるようになりました。長年、自分と違和感のあった古典中の古典と、四十代に「宮崎論語」によって出会ったときの心臓が躍《おど》るような感動、喜びというものは特別なものでした。以後、私は『論語』を咀嚼《そしゃく》しはじめ、その一つの結論がここに記した話であるわけです。

『論語』を読む楽しみ――渡部

佐藤順太《さとうじゅんた》先生の家での日常座談のなかで『論語』が出てきたおかげで、『論語』を人生観察の書として受け取ることがわりと早かったように思います。また、ジョンソン博士の言行録のように「昔の偉い人がいった話の聞き書きだ」という受け取り方をしましたので、谷沢さんのように「教訓」という受け方はあまりしませんでした。

中学二年ぐらいのときは、「水が流れるように、休まずに勉強しろ」などといわれたけれども、「そんなものかな」という程度にしか思わなかった。それは中学生の頃であったから、大した影響はなかったと思います。ただ、古典を読んだという意味で、それから漢文を読むという意味で、楽しみがありました。

振り返ってみると、やはり座談の間に聞いたというのは大きいと思います。本書のように座談によって『論語』を説くというのは新機軸だと思うのですが、『論語』を語るに最もふさわしい方法でしょう。『論語』に対する正しいアプローチとは、教室で教わるのではなく、身近なところで感じるものだと思います。系統立てて読むこともないし、ノートに取ったり、暗記したりするものでもない。何かのときに「なるほど」と思い当たってうなずく本です。つまり、われわれが人生を観察して共感するところを見つけていけばいいのです。『論語』は聞書《ききがき》であり、そのときに聞いたものを記してあるのですから、章分けにそれほどの意味があるとは思いません。「學而《がくじ》第一」というのは「學而」という言葉ではじまった文章のあるグループだから、そういっているだけです。

本書はそういう意味でも、気に入ったエッセンスだけを抜いたというものであり、体系づけしたり、完璧《かんぺき》にまとめるというようなものではない。たまたま拾われた言行録を、後生のわれわれがたまたま拾っているというものです。これを通して読者が「論語を楽しむコツ」を一つでも拾い上げてもらえたら幸いだと思います。少なくともわれわれ二人は、論語を楽しむ境地に入っていることはたしかのようですから。

解説

日下公人

この本は読後感がたいへんさわやかで、心が洗われるような気がする。

対談のテーマが論語だから、それは当然のことではあるが、しかし、孔子の言を話題にすれば必ずさわやかな対談になる、というものではない。谷沢永一先生と渡部昇一先生の人柄がまっすぐでさわやかなればこそのことである。

お二人とも少年の頃から論語に縁があり、それを人生の折に触れ、機に臨んでは絶えず心のなかで反芻《はんすう》してこられた。そうした約五十年の思い出多き人生体験の裏づけがあったうえでの論語解釈である。つぎつぎに出てくる連想が豊富で示唆《しさ》に富むのはそのためで、お二人は実はご自分の人生を話しておられるのである。論語の文章は短いが、そこから展開されるお二人の話は重く、そして深い。単なる文章の解釈や道徳訓話をなさっているのではないところが、この本の魅力である。

両先生は論語を格別にむつかしいものと考えることはないと話される。
孔子は主としてそのときどきの実感を語っているのであって、いちいちそれに道徳的意味づけやこじつけを無理にすることはないだろうとお二人は自信をもって考え、そこを出発点とするご自分の解釈を語っておられるが、それが新鮮である。また、心にしみる。それならよく分かる——と小生は、子供の頃聞かされた教育訓話的な論語解釈を思いだしながら本書を読んだ。

子供の心は素直だから、先生の話を聞きながら、〝孔子はそのときは単に疲れていただけではないか〟とか、〝孔子だって旨いものは旨いだろう〟と思うが、当時はそんなことを言える雰囲気ではなかった。

旧制中学校はエリートの学校で、教師もそうだった。そこで行われる漢文教育は江戸時代の武士教育の流れを汲んだもので、そのうえ、国家主義、軍国主義へと時代は流れていたから、生徒は常に質実剛健や服従や自己犠牲の精神を求められていた。論語もまた、その教材にされてしまうのだった。

こんな場合、心ある教師や賢い生徒は無理なこじつけについてゆけなくて、そのまま論語から離れた。敬して遠ざかったのである。

たとえば、国家への忠と親への孝について、学校では〝忠孝一致〟とか、〝忠孝両全《りょうぜん》〟

と教える。校長室へゆくと地位が高い人の書としてそう書いた額が掲げられていた。しかし、論語を読むとそれはごまかしで、孝のほうが上だと分かるが、先生はそれどころか忠のほうが上だと教える。どうやら国家主義に迎合しているとは少年にも分かるから、やがて心は教師から離れ、学校から離れ、そのまま論語からも離れてしまった。が、それでもホントの論語と孔子に対する後髪をひかれるような思いは残った。

その後、教養書があふれる日本になって、中国では当然に孝が上であるとか、孝の対象は親だけでなく子や孫もふくまれているとかが、論語の解釈としてではなく、中国史の知識としてわれわれにも伝わってきたので、疑問はかなり氷解した。

また、孔子の母は先祖代々葬儀を職業とする集団の出身で、当時はまだ道教も仏教もなかった時代だから、葬儀屋さんが俗信に従いつつも、自ら死後の世界や人生のありようを集まった人に語っていたという知識も教えてもらった。論語の理解が一挙に数歩前進するというものである。

また、葬儀では当然、礼儀作法が重要で、それも集まる人の地位や財力によって異なってくる。地方と都会でも違う。孔子がしばしば「礼」について語り、しかも礼を上下に分けて教えるのも、そういう生い立ちを聞けば納得できるというもので、孔子を聖人と考える人には申し訳ないが、現代人はそういう裏づけを教えてもらったうえでないと簡単には帰依できないのである。

もっとも孔子の母が葬儀屋集団から農家に嫁いだ人というだけで、たちまち孔子が説く「礼」の精神の根源を見つけたように思うのも多分、早合点のこじつけであるに違いない。孔子や孟子は政府の高級行政官になろうと思って治政に関する自分の考えを王侯に説明して歩いていた。

したがって「君子」とは高級行政官か為政者を意味するというのもよく分かる解釈の一つである。道徳的完成者と考えるより、はるかに分かりやすくてよい。

そう聞けば、ついてくる弟子たちの動機の大部分は公務員への就職だと分かる。その可能性が遠いと分かってからは倫理学や哲学を研究してその方面で学者やコンサルタントになることだっただろうとの想像もつく。

何百年かを経ると、孔子や孟子の考えを世に広めたり加工したり批判したりすることが、職業として成立するようになって、それからは弟子たちの解釈が山積し、繁茂して夜の盛り場のネオンのようになるが、それは「儒教」とか「儒学」と呼ばれるものになる。それらは多分こじつけだらけであって、そうした儒学論議にまどわされず、孔子本人の言にもどって素直に読んでみようと言うのが本書で、これはよほど自分の人生と思考に自信がある人でなければできないことである。

本書で谷沢先生と渡部先生は孔子を語り、それから古今東西の人物についてその評価を語っておられるが、それはそのまま自分を他人に見せることにもなっている。余人にはできないことをなさっているのであって、そこが本書の大きな魅力である。

そこで、読者の理解のために本書に解説をつける私は、つぎはこのお二人が並の人ではないことを書かねばならない。

まず、谷沢永一先生から。

谷沢先生がこれまでお書きになった本や文章はすべて強い信念と並外れた学識に満ち満ちている。

浅学非才の私はただただ驚歎し、それから説かれることの真実に触れて、これまでの浅慮短見を恥じるばかりだった。

思いつくままに記せば、今回の金融大破局に際し、実名を挙げて大蔵省の責任を追及したのは谷沢永一先生が最初である。一番早く口火を切り、一番的確に的を射抜き、それから反撃を受けてもひるむことがなかった。正に論語の教えを実行なさったのである。

銀行局長などの実名を挙げて書かれたが、これは個人攻撃というものではない。公務員があるポストについて公権力を行使した場合は、当然受けるべき批判なのだが、たいていの人は避けていたことである。そこで予想どおりと言うべきか、大蔵省およびその個人は、谷沢先生と内容について論争するのではなく、その論を掲載した新聞社や出版社に対して裁判を起こすと通告した。

会社はひるんだと思うが、なかにはひるまない会社があり、谷沢先生もひるまず受けて立つ姿勢を見せたところ世論が変わった。それを見てのことだと思うが、結局、告訴をしなかったから、それでは恫喝という最も恥ずかしいことをしたのではないかとますます信用がなくなった。

一度流れが変わるとあとは背走千里《はいそうせんり》で、その人は天下り先を退任し、大蔵省には検察庁の手が入り、とうとう行革では名称も財務省に代えられることになった。「威武《いぶ》にも屈しない人を偉丈夫という」——といったのは孔子だったか、孟子だったか忘れたが、ともかく谷沢先生はその偉丈夫である。国民は感謝しなくてはならない。

かねて論語には政治や行政が一度天下の信を失えば、どんな大組織でも危ういと書かれているし、一個人が唱えても正しい主張はやがて天下に広がるというのもある。

そのためには信念が必要で、信念に到達するには努力をつくしたうえの学問や正義感が必要で、また勇気も必要だが、それらのすべてを備えて、しかも実行した人が谷沢永一先生である。日本にもこんな人がいたのかと小生はかねてから驚歎している。

東大教授から最高裁判所長官にまでなった人が、その過程で天皇に関する自説をどのように少しずつ変化させたかを克明に立証した研究もあった。立身出世の都合に悪い説を書いた旧著を弟子に命じて古本屋から買い集めさせたというエピソードの紹介もあって、東大や最高裁がもっている権威への挑戦は斬鉄剣のような切れ味を見せていた。

ノーベル賞をもらった人がかねてから狙いをそれ一本に絞って、外国人の日本蔑視に迎合するような日本論を英語で発表しつづけたことを詳細にあとづけた研究もあった。しかもそのくだりは英訳本にはあるが、日本文にはないという手品まで暴いたので、これも斬鉄剣の切れ味だった。

いつ拝読しても見事な一刀両断ぶりだが、そのあまりか、いわゆる世の権威者からのフォローが少ない。しかし、それは谷沢永一先生の勲章であって、そのことをたくさんの日本人は銘記し、心秘かに敬慕している。

渡部昇一先生にもまったく同じことが言える。渡部先生もまた、富貴にも威武にも屈しない偉丈夫である。もう一つ世評にも屈しないとつけ加えよう。

渡部先生がこれまでひるまずに戦ってきた相手は、思いつくままに書いても、朝日新聞、同和、韓国、中国、田中角栄裁判、大蔵省、英語教育、社会党、それからイギリスの家主などなど、枚挙にいとまがなく、しかもここが大事なことだが、そのすべてに先生は勝利しておられる。両先生に抵抗した相手はいまや没落するか、または方向転換を余儀なくされているが、それはこのところ僅か十年か二十年間の出来事である。

告訴するぞと恫喝した相手はたくさんいたが、ついにできなかったのは、内容の真実さと指摘の的確さと、それにひるまなかった両先生の勇気にむしろ相手のほうがひるんだのである。

よくあることだが、卑劣な恫喝は論者の地位や収入源を攻撃する。

ペレストロイカの頃だが、ゴルバチョフはバルト三国で西側のテレビ局を連れて大衆のなかに入り、大いに民主化したところを見せようとしたが、しつこく食い下がる市民に対して、

〝お前の職場はどこだ〟

と恫喝して社会主義権力者の本性を見せてしまったことがある。

旧ソ連は統制経済で国有企業だらけだったから、この一言で言論、思想の自由を奪うことができたのである。

ところで、残念ながらこの点はいまの日本も同じで、両先生への圧迫は、先生に向かわず、大学や出版社やテレビ局にゆく。

もしもこれにひるめば、凡百《ぼんぴやく》の言論人と同じになるが、国民もそれが分かってきたようで、〝立場上言えない〟という人の発言には興味を示さなくなってきた。立場がある人の

発言は、人間の心や責任感が伴ってないと分かったのである。

その点、両先生は立場や地位を気にせず、重荷に思わず、また世評にまどわされず、真実と信念に従って発言なさるから、そういう人が少ない現代日本においてはまことに貴重である。

アメリカでは権力をもった人より、インフルーエンシブな（影響力がある）人がより尊敬されるが、両先生の言論活動は日本人の思考改革を通じて、日本そのものをも根底から変革する影響力を発揮している。

最後に本書にもどって言えば、自信を失って浮遊状態にある日本人にとって、孔子と両先生の教えは最高の人生指南だと思う。

あとがき

谷沢永一氏と知り合わなかったら、私の人生は相当さびしいものになっていたに違いない。谷沢さんと最初にお会いしたのは、大修館書店の藤田侊一郎氏が対談本の企画を下さったからである。「読書について語ってほしい」ということだった。

谷沢さんは関西人で国文学。私は東北人で英語学。生まれや専門については全く共通点がない。共通点といえば専門外の書物にも関心があって、読んだり集めたりしていることであった。その後の二人は意気投合して、対談本だけでも二十点を越えるので「同じ二人の対談本の数ではギネスブック級ですね」などと言われたりした。

読書論の他では、この『論語』をタネにした対談は二人の対談人生のはじめの頃のものである。二人とも『論語』は少年の頃からおなじみである。しかし二人で話し合ってみると実に教えられるところが多く、また何より面白かった。「面白くてタメになる」という講談社の創業者・野間清治氏のモットーを体験したような気になった。

この体験のおかげで、その後の二人で対談を続けるという一種の共通のライフスタイルが出来上がったのだと思う。当時の担当者であったPHP研究所の大久保龍也氏に御礼申し上げたい。

PHP研究所は、谷沢さんや私をメンバーとするグループ「人間観の研究」を支援して下さってもう三十年以上にもなる。このグループが続いたおかげで、谷沢さんと私は少なくとも一年に十一回は会食し、二次会ではクラブで歌い——谷沢さんはいつも「昭和枯れすすき」のような景気の悪い歌がお好きだった——、時には赤坂の料亭で、美妓に囲まれながら谷沢さんの艶話をお聞きすることができた。その谷沢さんも簀《さく》を易《か》えられてしまった。御冥福をお祈り致します。また、PHP研究所は今回も新版の刊行を快諾して下さった。厚く御礼申し上げます。

今回の企画を賜ったワック株式会社の鈴木隆一社長、編集をやって下さった同社の松本道明氏に深く感謝します。

平成二十四年四月

渡部昇一

本書は、二〇〇〇年一月にＰＨＰ研究所より出版された『人生は論語に窮まる』を改題して二〇一二年にワックより刊行した『いま、論語を学ぶ』を『だから、論語を学ぶ』と再度改題したＷＡＣ　ＢＵＮＫＯ版です。

渡部昇一（わたなべ・しょういち）

上智大学名誉教授。英語学者。文明批評家。昭和５年（1930年）、山形県鶴岡市生まれ。上智大学大学院修士課程修了後、独ミュンスター大学、英オクスフォード大学に留学。Dr. phil., Dr. phil. h.c.（英語学）。第24回エッセイストクラブ賞、第1回正論大賞受賞。

著書に『英文法史』などの専門書のほか、『知的生活の方法』（講談社）、『「日本の歴史」①～⑦』『読む年表 日本の歴史』『渡部昇一 青春の読書』『古事記の読み方』『万葉種のこころ　日本語のこころ』（ワック）などの話題作やベストセラーが多数ある。2017年4月逝去。

谷沢永一（たにざわ・えいいち）

関西大学名誉教授。1929年、大阪市生まれ。関西大学大学院博士課程修了。専門は日本近代文学、書誌学。社会評論にも幅広く活躍。サントリー学藝賞、大阪文化賞、『文豪たちの大喧嘩―鷗外・逍遙・樗牛』で読売文学賞受賞。

著書に『完本・紙つぶて』『百言百話』『回想 開高健』『人間通』『歴史通』など多数がある。2011年3月逝去。

だから、論語《ろんご》を学《まな》ぶ

2019年６月15日　初版発行

著　者　渡部 昇一／谷沢 永一

発行者　鈴木 隆一

発行所　ワック株式会社
東京都千代田区五番町 4-5　五番町コスモビル　〒 102-0076
電話　03-5226-7622
http://web-wac.co.jp/

印刷製本　大日本印刷株式会社

ISBN978-4-89831-795-2

好評既刊

日米戦争を策謀したのは誰だ！
ロックフェラー、ルーズベルト、近衛文麿 そしてフーバーは――

林 千勝

なぜ、「平和」は「戦争」に負けたのか。なぜ、日米戦争は起こったのか。不条理を追究し、偽りの歴史を暴く。前作『近衛文麿 野望と挫折』に続く、渾身のノンフィクション大作！　本体一八〇〇円

自壊
ルーズベルトに翻弄された日本

長谷川熙

元朝日記者による衝撃のノンフィクション！「真珠湾」は好戦主義者ルーズベルトの仕掛けた罠だった！日本は「インテリジェンス」でいかにして敗北に到ったのか！　本体一六〇〇円

日本のＩＴ産業が中国に盗まれている

深田萌絵

ファーウェイ創業者の娘・孟晩舟の逮捕、それを聞いた著者は体が震えたという。中国企業のスパイ網を暴き、ＩＴへの無知が国を滅ぼす現状に警告を鳴らすノンフィクション大作！　本体価格一三〇〇円